Tous les enfants m'appellent maman

KATHY HARRISON

Tous les enfants m'appellent maman

Traduit de l'anglais (États-Unis)
par Frédérique Fraisse

ÉDITIONS
FRANCE
LOISIRS

Titre original : *One Small Boat*
Publié par Jeremy P. Tarcher/Penguin, 2006.

Une édition du Club France Loisirs,
avec l'autorisation des Éditions de l'Archipel.

Éditions France Loisirs,
123 boulevard de Grenelle, Paris
www.franceloisirs.com

ISBN : 978-2-298-02542-2

Note de l'auteur

Ce texte n'est pas une œuvre de fiction. Les événements qui y sont relatés sortent tout droit de ma mémoire. Certains noms et signes distinctifs ont été modifiés afin de protéger la vie privée et l'anonymat des personnes, et particulièrement des enfants impliqués. Dans quelques cas, les individus décrits sont en fait un mélange de plusieurs personnes ayant pris part à une histoire.

À Noni et Susan,
mes sources d'inspiration.

« Préservez-moi mon Dieu,
La mer est si grande et ma barque
si petite ! »

Prologue

En mai 2003, peu après la sortie de mon premier livre, *Un cœur gros comme ça*, j'ai reçu une lettre de mon assistante sociale, Susan Crane. Quelques jours plus tôt, je lui avais demandé s'il lui était possible de me fournir la liste de tous les enfants dont je m'étais occupée depuis quinze ans. Grâce au miracle de l'informatique, elle n'a pas tardé à me l'envoyer. La liste complète m'a fait un peu peur, car elle recensait plus de cent vingt noms.

Je l'ai étudiée pendant plusieurs heures. Tandis que je lisais les noms, le visage et l'histoire de chaque enfant me sont revenus en mémoire. Il y avait Elijah, dix-huit mois, dont les poignets portaient encore les traces de la corde avec laquelle il avait été attaché. Katara, onze ans, avait passé une semaine chez nous suite à son opération destinée à effacer les blessures infligées par son demi-frère, qui l'avait violée. Je n'oublierai jamais Juanita. Elle a tant pleuré quand un juge a ordonné qu'elle retourne auprès de sa mère alcoolique. « Ce n'est pas juste, a-t-elle lâché entre deux sanglots la veille de son départ. Vous m'obligez à rester avec vous jusqu'à ce que je vous aime et, maintenant, je dois partir. » Elle avait raison, bien entendu. Le placement en famille d'accueil connaît rarement l'équité.

Je pourrais énoncer des statistiques. Chaque jour, plus de sept cents enfants sont placés en famille d'accueil aux États-Unis, victimes supposées d'abus ou de mauvais traitements ; un tiers de ces enfants ne retourneront jamais auprès de leur famille. Un tiers rentreront chez eux puis repartiront dans une autre famille d'accueil en attendant leur majorité. Cela représente plus de 550 000 enfants dans le pays. Un chiffre tellement ahurissant que la plupart des gens n'arrivent pas à y croire, et son énormité excuse notre tendance à oublier qu'il ne s'agit pas de numéros mais de garçons et de filles en chair et en os.

J'écris pour de nombreuses raisons. D'abord, j'ai besoin d'examiner mon monde de plus près et d'explorer mes motivations. L'écriture me sert aussi de catharsis afin que les horreurs qu'ont vécues mes enfants ne me dévorent pas vivante et ne fassent pas de moi une femme cynique et amère. J'écris également pour contrebalancer la réalité : un enfant placé présente cinq fois plus de risques d'être tué en famille d'accueil que chez lui, et ces enfants subissent trois fois plus de mauvais traitements que les autres. Mais, par-dessus tout, je veux que les gens voient les enfants cachés derrière ces statistiques. Il est facile d'ignorer des numéros, mais peut-on oublier Ashley, fillette de quatre ans filmée alors qu'elle avait des relations sexuelles avec son frère ?

Ce livre parle de nombreux enfants, comme Jazzy et Crystal, Priscilla et Maggie. Il raconte aussi l'histoire de ma fille, Karen, qui a dû se façonner une enfance entre les allées et venues d'une bande de frères et sœurs temporaires. Et enfin, il y a Daisy, une fillette que j'ai failli ne pas accueillir. On m'avait dit qu'elle était folle. Elle réclamait plus qu'une famille peut généralement offrir. Comme tous les petits, Daisy fut pour moi un professeur. Elle m'a appris la force et le courage, la résilience et la joie dans les détails du quotidien. J'ai aussi appris ce qu'était l'amour, le deuil. Oui, Daisy, les fins heureuses dépendent souvent de notre bon vouloir.

1

— Alors qu'en penses-tu ?

— C'est parfait. Exactement ce que j'imaginais.

Mon mari Bruce et moi nous tenions à l'entrée de ce que j'appelais la « chambre des petites ». Avant, cette pièce étroite, sombre et vieillotte, était quasiment inhabitable. Mais, après des semaines passées dans la poussière de plâtre, et au prix d'innombrables échardes, Bruce l'avait transformée en un refuge spacieux et aéré. Il avait abattu des cloisons pour gagner un peu d'espace sur le grenier, posé du Placoplâtre, qu'il avait peint en gris clair, puis une nouvelle moquette. Quatre petits lits en fer la garnissaient désormais. J'avais mis sur chacun un édredon aux couleurs vives. Une grande maison de poupée en bois trônait dans un coin et ses occupantes attendaient patiemment autour d'une minuscule table de cuisine. J'avais disposé une boîte remplie de déguisements sous une fenêtre et une malle pleine de poupées et d'habits sous l'autre. Une petite table ronde et quatre chaises d'enfants avaient été installées au milieu de la pièce. Cette chambre de rêve était d'autant plus appréciée que notre famille avait désespérément besoin d'espace !

Bruce et moi étions parents nourriciers. À cette époque, quatre de nos six enfants biologiques et adoptés vivaient encore à la maison et nous accueillions souvent trois voire quatre enfants ayant besoin d'un toit temporaire. L'année précédente, nous avions décidé de ne recueillir que des filles. Cela facilitait l'organisation des chambres, l'achat des habits et des jouets, etc. À l'occasion, nous faisions une exception, quand il s'agissait de ne pas séparer un frère d'une sœur, par exemple. Mais, la plupart du temps, nous ne dérogions pas à notre règle et ne nous en trouvions pas plus mal.

Même si notre maison était grande, nous aurions parfois aimé pousser les murs, surtout le week-end quand un enfant ou deux nous étaient confiés en urgence. Chaque mètre carré témoignait de la présence d'enfants bien occupés : instruments de musique, skis, raquettes de tennis, balles de toutes les tailles imaginables... Notre vie n'avait pas toujours ressemblé à cela. Quand nous cherchions une maison huit ans plus tôt, nous avions trois enfants peu contraignants. Nous voulions quelque chose de petit et de facile à entretenir. C'est alors que nous avons trouvé cette fermette à la plomberie antique et ouverte aux quatre vents.

Une bâtisse typique de la Nouvelle-Angleterre rurale construite au milieu du XIXe siècle. À l'image des familles de cette époque moins compliquée, ces habitations sans prétention étaient faites pour durer. Les planchers avaient supporté cent cinquante ans de bottes boueuses et de lait renversé. Les placards biscornus se prêtaient à merveille aux jeux de cache-cache et les longues rambardes incurvées invitaient à la glissade.

Malgré son manque de confort, nous avions acheté cette maison pour ses fenêtres immenses et sa hauteur de trois mètres sous plafond. La rue principale du village sortait tout droit d'un tableau de Norman Rockwell. L'après-midi, les enfants partaient pêcher dans la rivière, les couples de longue date leur adressant un signe de la main depuis leur véranda. Il était rare que la brise du dimanche ne charrie pas les clameurs d'un match de foot dans le parc au bout de la rue.

Peut-être est-ce le destin ou bien la nature déteste-t-elle vraiment le vide, mais les chambres semblaient réclamer un occupant. Le jour où un petit du jardin d'enfants a eu besoin d'un toit, Bruce et moi avons été ravis de rendre service. J'avais toujours rêvé d'avoir une fille et j'ai considéré Angie comme la mienne à l'instant où elle est arrivée. Sa sœur aînée, Neddy, n'a pas tardé à nous rejoindre. Nous avons alors obtenu un agrément de l'État du Massachusetts en vue de l'adoption de nos filles, procédure qui a duré trois ans.

Je n'avais pas imaginé que notre région manquait cruellement de familles d'accueil. Malgré la paix qui régnait dans notre communauté, nous n'échappions pas aux problèmes qui empoisonnent les familles des plus grandes villes. Partout, pauvreté, drogue et maisons insalubres pavent la voie aux manques de soin et aux mauvais traitements. Quelques années plus tôt, un bambin de deux ans avait été battu à mort par son père à deux kilomètres de chez nous. Tous les jours, les services sociaux cherchent des lits et il n'y en a jamais assez. Depuis qu'ils ont notre numéro, ils nous appellent souvent. Les histoires que les assistants sociaux nous racontent font les gros titres des journaux. Comment refuser d'accueillir un marmot qui a été battu par sa mère ? Comment fermer la porte à un bébé abandonné sur le perron d'une maison ? Bruce et moi en étions incapables, si bien que les enfants se sont succédé. Nous avons investi dans un minivan et commencé à acheter nos provisions en gros. Néanmoins, il a fallu des mois avant que je me considère comme mère nourricière.

Les histoires de ces familles qui malmènent leurs petits protégés font si souvent la une du journal télévisé qu'elles donnent l'impression de personnes uniquement intéressées par l'argent. Je sais que certains utilisent les dix-sept dollars par jour d'allocation pour joindre les deux bouts. Je sais que d'autres profitent de ces petites victimes qui n'ont jamais connu d'autre rôle. Dieu merci, ces maisons-là sont rares, mais on n'entend parler que d'elles. Les premiers mois, je reconnaissais que j'étais mère nourricière avec le même enthousiasme que j'aurais admis effectuer des tests cosmétiques sur des lapins domestiques.

Pendant que Bruce finissait la chambre, nos trois enfants placées campaient dans la salle de jeux. Vêtements, jouets et livres étaient stockés dans des cartons et entassés aux quatre coins de la maison. Le chaos le plus total régnait et ce bazar nous mettait tous de mauvaise humeur. J'avais hâte de ranger les affaires des filles dans leur nouvelle chambre et de reprendre le cours « normal » de notre vie.

— Combien de temps avant que ce lit soit à nouveau occupé ? m'a demandé Bruce pendant que nous admirions son travail.

— Pas longtemps à mon avis. J'ai refusé trois fillettes ces deux dernières semaines.

Les vacances approchaient, période durant laquelle certaines familles accumulaient un surcroît de stress, un trop-plein d'alcool et un manque criant d'argent. Résultat, les affaires reprenaient pour nous.

— Je pensais demander un bébé. Ça te dirait ?

Bruce m'a décoché un regard de travers loin d'être encourageant.

— Je croyais que nous laissions de côté les bébés pendant quelque temps ? On s'attache trop et on est un peu vieux pour envisager une autre adoption.

— Parle pour toi ! lui ai-je répondu dans un éclat de rire. Appelons les filles. Elles sont tellement pressées de ranger leurs habits ici !

Trois demoiselles vivaient avec nous à cette époque et, pour changer, personne n'était en crise. Toutes trois avaient des problèmes, bien entendu. Le deuil et le traumatisme qui accablent un enfant en famille d'accueil lui laissent souvent des cicatrices émotionnelles. Ce groupe-ci semblait remarquablement stable, comparé à certains autres dont je m'étais occupée auparavant.

Crystal était une belle fillette de huit ans. Ses boucles couleur de miel tombaient sur ses épaules. Elle avait les traits réguliers et délicats, une petite fossette sur chaque joue. Même ses dents étaient parfaites, droites et blanches, sans être trop grandes comme le sont souvent les dents définitives pendant quelques années.

La mère de Crystal, Patricia, n'avait que quinze ans à la naissance de sa fille. Pendant cinq années, elles ont vécu chez la tante de Patricia. C'était un bon arrangement. Patricia obtenait soutien et conseils auprès de sa tante, tandis que Crystal profitait de l'expérience de cette mère de substitution. Peu après l'entrée de Crystal à l'école, la situation a dégénéré. Il y a eu des luttes de pouvoir entre la mère et la grand-tante, des désaccords concernant la vie sociale très active de Patricia. Après une altercation particulièrement vive, Patricia a fait ses valises et a emménagé dans un petit appartement avec Crystal, qui était plus une petite sœur qu'une fille pour elle.

Dès le début, Patricia a eu des difficultés à élever seule son enfant. Elle voulait s'amuser comme par le passé, mais elle ne disposait plus de baby-sitter à domicile. Au fil des mois, Crystal a donc appris à se débrouiller pendant que sa mère sortait. Elle arrivait rarement à l'école à l'heure et, quand elle s'y rendait, la fatigue et la faim la tenaillaient. Malheureusement, il faut plus que des absences répétées et un ventre creux pour que les services sociaux soient contactés. La vie s'écoulait donc ainsi pour Crystal, comme pour de nombreux enfants vivant en marge de la société. Cela aurait continué longtemps si leur immeuble n'avait pas pris feu une nuit. À leur arrivée, à minuit, les pompiers ont découvert la fillette de sept ans seule chez elle. Crystal a attendu deux jours dans un foyer d'hébergement avant que sa mère contacte la police pour la retrouver.

Dans l'idéal, Crystal aurait dû être placée chez sa tante qui l'avait élevée, mais celle-ci sortait alors avec un homme fiché, et les services sociaux ont refusé que la petite vive sous le même toit que lui. Et c'est ainsi qu'elle s'est retrouvée chez nous.

Quand elle est arrivée, neuf mois plus tôt, il y avait une dureté dans ses yeux couleur de bleuet qui me dérangeait. Mais cette sévérité a disparu au fur et à mesure qu'elle jouait avec les poupées, grimpait aux arbres, vivait l'enfance qu'elle avait perdue en essayant d'incarner la meilleure amie de sa mère.

J'avoue ne pas avoir eu beaucoup de patience avec la mère de Crystal. Elle la perturbait chaque fois qu'elle appelait ou lui rendait visite. Quand elle trouvait le temps de venir voir sa fille, Patricia l'emmenait au centre commercial pour y traîner, ce qui me rendait malade. Je savais qu'elle ne la surveillerait pas avec l'attention nécessaire et l'exposerait au genre de langage et de comportement qui n'était pas acceptable pour une fillette de son âge. Crystal retournerait auprès de sa mère dès que celle-ci aurait terminé d'apprendre les fondements du rôle parental. C'était le moins qu'on pouvait lui demander et, pourtant, Patricia a été incapable d'y parvenir. Je me suis même demandé si elle n'était pas soulagée d'être débarrassée de la responsabilité d'une enfant afin de pouvoir rattraper le temps perdu et vivre comme une adolescente sans attaches.

Jazmine, notre deuxième, était un chérubin de trois ans à la peau café crème, à la tignasse presque noire et bouclée, aux yeux en amande. Jazzy, comme nous l'appelions tous, était aussi rondouillette qu'un chiot. Quand elle est arrivée chez nous, l'automne précédent, on ne la comprenait quasiment pas. Voici son histoire telle qu'on me l'a racontée : quand on l'a trouvée, Jazzy errait dans les couloirs de son immeuble, seule, à dix heures du soir, uniquement vêtue d'une couche-culotte sale. Lorsqu'elle l'a ramenée chez elle, une voisine a découvert ses parents ivres morts dans leur appartement sordide. La voisine a hébergé la fillette le restant de la nuit et appelé les services sociaux le lendemain matin. Quand les deux assistants sociaux chargés du cas de Jazmine ont frappé à la porte de ses parents, ils ont été accueillis par des bruits de bagarre à l'intérieur. Il était onze heures du matin et aucun des deux ne s'était rendu compte de l'absence de leur fille.

Jazzy s'est rapidement adaptée à nous. Elle me traitait souvent de tous les noms quand elle était en colère. Dans ces cas-là, cela me convenait très bien que tout le monde peine à la comprendre. Malgré les insultes, elle a très vite compris quel rôle je jouais à la maison. Elle me quittait rarement des yeux, ce qui n'est pas rare chez un enfant de trois ans. Ensuite, les crises de colère ont commencé. Elle en piquait plusieurs par semaine, et pas des petites. Jazzy donnait des coups de pied dans les murs, arrachait les rideaux, me mordait.

Cela aurait été facile de mettre un terme à notre contrat, du moins au début. Quand ces crises duraient une heure, je me disais que c'était terminé, que j'en avais assez des hurlements et qu'à la première heure le lendemain matin j'appellerais son assistante sociale pour qu'on lui trouve un autre foyer. Puis je l'observais pendant son sommeil et je m'imaginais à sa place. Au cours de ses trois premières années, cette fillette avait ignoré ce que le lendemain, voire les prochaines minutes, lui réserveraient. La plupart d'entre nous dorment mal quand ils savent que des enfants vont au lit la faim au ventre, n'acceptent pas les zébrures laissées par des coups de ceinture sur les jambes d'un bambin. Jazmine n'avait aucune raison de me faire confiance. Il fallait que je gagne cette confiance et cela risquait de prendre du temps. Beaucoup de temps. Le lendemain matin, je n'ai pas appelé. J'ai pris une grande inspiration et j'ai affronté une nouvelle journée qui ne pouvait pas être plus pénible que la précédente.

Au début, je me disais que ses accès de colère provenaient de son incapacité à formuler ce qui lui était arrivé, mais ils ont continué bien après que Jazzy avait acquis assez de mots pour parler de son passé. Bruce les mettait sur le compte de sa peur intense de nous perdre et, effectivement, ils survenaient le plus souvent à l'heure du coucher ou quand nous sortions. Quelle qu'en fût la raison, ils étaient assez violents pour que je téléphone à un thérapeute.

Coup de chance, Andrew Donovan était disponible pour recevoir Jazzy. Il avait été le thérapeute de Tyler, une des premières enfants que j'avais gardée et qui piquait des colères mémorables. Andrew ressemblait à un gros ours tout en douceur et en gentillesse qui communiquait avec les enfants comme peu de thérapeutes savent le faire. Grâce à lui, nous avons progressé avec Jazzy. Au fur à mesure que son langage évoluait, elle nous parlait de son passé. Il était clair que cette fillette avait été victime de mauvais traitements de la part de ses deux parents. Certains étaient proches du sadisme et je n'ai jamais écarté la possibilité qu'elle ait subi des abus sexuels. Même si un enfant n'a pas les mots pour fournir les détails, cela ne signifie pas que rien ne s'est produit. Aucun de ses parents n'était prêt à suivre des programmes de soutien parental ni à se rendre aux Alcooliques Anonymes. Ces démarches étaient pourtant nécessaires pour que les services sociaux envisagent de leur rendre leur fille. Lorsqu'on a découvert qu'ils avaient perdu la garde de leurs autres enfants, l'assistante sociale de Jazzy a soumis le dossier au service juridique pour que la fillette soit proposée à l'adoption. Au bout de dix-huit mois passés chez nous, un conseiller a été assigné et une date programmée afin d'ôter leurs droits parentaux à son père et sa mère.

Au fil des mois, j'ai moi-même envisagé d'adopter Jazzy. Bruce et moi avons passé des heures à discuter du pour et du contre. La vie ne serait pas facile avec cette enfant. Et puis il y avait d'autres éléments à prendre en compte. Nous avions finalisé l'adoption de notre plus jeune fille, Karen, à peine un an auparavant. Comme nous avions déjà six enfants à élever et un certain âge

– quarante-six et cinquante-deux ans –, adopter une fillette de trois ans piquant des crises terribles semblait au-dessus de nos forces. Néanmoins, chaque fois que Jazzy m'enlaçait avec ses bras marron et potelés et me chuchotait « t'aime mamma », j'étais déterminée. Voilà le drame d'accueillir longtemps des enfants, comme Bruce et moi le faisions. Les cœurs brisés sont inévitables. Adultes, nous savions dans quoi nous nous lancions, mais les enfants placés chez nous, eux, l'ignoraient.

Face à ce genre de dilemme émotionnel, je comprends pourquoi certaines familles choisissent de garder leur distance avec les enfants qu'elles accueillent. C'est certainement moins douloureux ainsi, mais je n'y suis jamais parvenue. Je suis de l'école « mieux vaut avoir aimé et perdu ». Les enfants ont besoin d'être choyés par une personne dont le regard s'illumine quand ils entrent dans une pièce. Les gamins se remettent d'une perte, mais jamais de se sentir invisibles.

Notre troisième, une jolie fillette de dix ans en surpoids, d'origine portoricaine, se nommait Priscilla. Elle vivait chez nous depuis presque un an et je dois avouer que je n'étais pas particulièrement attachée à elle.

Priscilla avait été placée en urgence. C'était une de ces gamines qui allait et venait de foyer en foyer depuis des années. Ses parents souffraient de maladies mentales sévères. Quand ils prenaient leurs médicaments, ils étaient de bons parents. Mais la plupart des remèdes psychiatriques ayant des effets secondaires déplaisants, comme des pertes de poids, des somnolences, des tremblements, beaucoup de patients ne les tolèrent pas. Les parents de Priscilla se soignaient jusqu'à ce qu'ils récupèrent la garde de leur fille et, une fois qu'ils l'avaient obtenue, ils négligeaient à nouveau leur santé. Au bout de quelques mois, ils ne prenaient plus leurs pilules, étaient en proie à des crises, puis hospitalisés. Priscilla retournait alors en famille d'accueil.

Ces allers-retours étaient difficiles pour la petite. Chez ses parents, elle dominait son monde, au risque de devenir un vrai tyran. À part lire et manger, elle ne faisait pas grand-chose. Chaque fois qu'elle regagnait notre foyer, elle devenait plus insupportable encore. Commère et pleurnicheuse, Priscilla aimait avoir la vedette. C'était elle qui décidait des jeux et choisissait les règles. Si on la contrariait, elle boudait jusqu'à ce que mes enfants abandonnent la partie et la laissent agir à sa guise. Cela ne la gênait pas, par exemple, de parader avec un cadeau onéreux offert par son père alors que la mère de Crystal avait justement oublié l'anniversaire de sa fille. Un tel comportement ne lui attirait pas les faveurs de la maisonnée et, de plus en plus souvent, il m'arrivait d'interférer lors de chamailleries. Je détestais ce rôle et, de plus, devais me sermonner pour rester juste. Parfois, les autres enfants étaient vraiment méchants avec Priscilla et j'avais du mal à compatir.

Comme chez mes autres enfants, même parmi les plus coriaces, une vulnérabilité affleurait à la surface. Priscilla se languissait de ses parents. Elle était particulièrement proche de son père, un homme intelligent qui passait des heures à lui lire des histoires et à lui enseigner la botanique, l'astronomie, etc. À dix ans, Priscilla lisait couramment et avait plusieurs années d'avance en maths. Les autres admiraient ses talents, mais, à la récréation, tandis qu'ils allaient jouer au foot et à chat, Priscilla restait sur la touche.

Quand elle revenait d'une visite chez ses parents, la douleur dans ses yeux me donnait envie de pleurer. Aucun enfant ne devrait être aussi triste. Je savais que cette souffrance était à l'origine de son attitude et cela m'obligeait à rester à ses côtés, même si elle poussait souvent le bouchon trop loin. Au bout d'un an, Priscilla devint plus sympathique. Elle comprenait que les règles de ses parents n'étaient pas les mêmes que les miennes. Elle n'appréciait pas, mais s'adaptait.

En plus des trois filles, Bruce et moi avions encore trois de nos cinq enfants à la maison. À quatorze, dix-sept et dix-huit ans, Angie, Neddy et Ben allaient au lycée et cela impliquait beaucoup de travail. Notre fille adoptive de quatre ans, Karen, passait son temps avec les plus jeunes. Malgré les crises de colère de Jazzy et les problèmes de comportement de Priscilla, ils formaient le groupe le plus facile que nous ayons pu accueillir. Bruce et moi en savourions chaque minute.

Nos amis et nos familles nous interrogeaient sur notre décision d'héberger, temporairement ou non, une nuée de fillettes perturbées, alors que Bruce et moi n'en discutions même plus. Nous appréciions notre mode de vie, ce sentiment d'accomplir quelque chose d'important. Nous adorions cette intensité et cette imprévisibilité, cette chance de pouvoir donner une vie meilleure à des enfants. Et nous aimions nos fillettes.

À la fin de la journée, Crystal, Jazzy et Priscilla se sont rendues dans leur nouvelle chambre. J'ai rangé une dernière pile de pyjamas dans un tiroir, redressé les livres sur la coiffeuse de Jazzy et poussé un soupir en regardant la pièce. Là, j'ai senti un frisson familier, une espèce d'expectative. Je savais que ce sentiment ne s'en irait pas tant que le lit vide n'aurait pas d'occupant.

2

Je possédais ce petit plus indéfinissable que les services sociaux appellent l'expérience. Cela signifiait que j'accueillais des enfants depuis plus de six mois – certaines familles novices ne tenaient pas si longtemps – et que je supportais des petits perturbés. Par conséquent, je recevais de nombreux appels concernant des enfants difficiles à placer. Ce qui me convenait. Même si j'appréciais le calme à la maison, j'avais l'impression de m'ennuyer, de ne pas avoir de défi à relever. Ce qui me manquait ? Cette pointe d'excitation quand j'avais affaire à un enfant qui refusait d'avoir un comportement « normal ». Je suis fascinée par ces jeunes traumatisés qui, chacun à leur manière, apprennent à vivre dans un monde qui marche sur la tête. La « folie » est souvent la solution la plus saine qu'on puisse imaginer quand on sait ce que ces enfants ont traversé. Un mauvais traitement n'est parfois qu'une fessée isolée qui tourne mal ; le manque de soins, une question de pauvreté et de désespoir plus qu'une négligence des besoins de son enfant. Malheureusement, bien souvent, ces bouts de chou subissaient des horreurs innommables, vivaient des cauchemars en Technicolor. On m'a confié des petits aux os cassés, à la peau brûlée par des cigarettes. Mes enfants avaient des casiers judiciaires et des maladies vénériennes.

Mais ils possédaient aussi autre chose : parmi les plus jeunes, certains avaient sacrifié leur sécurité pour protéger leurs petits frères et leurs petites sœurs. Je me souviens d'une fillette qui, après avoir été violée par un oncle, avait passé l'heure suivante à fabriquer une carte d'anniversaire pour Bruce. Fascinant ! Tous les jours, je me félicitais d'avoir eu le courage de quitter la quiétude relative d'une salle de classe pour la sinistre réalité de famille d'accueil.

La semaine suivante, j'ai refusé d'accueillir deux enfants qui ne me semblaient pas correspondre à notre famille. Il y avait une jeune fille enceinte de quinze ans qui demandait le soutien d'une famille stable, mais cela aurait été difficile pour elle de partager une chambre avec Angie. Bien que du même âge, ma fille était plus préoccupée par son prochain examen d'espagnol et par les sélections de foot du printemps qu'autre chose. L'autre petite, âgée de trois ans avec un retard mental, aurait été parfaite, mais, sur ordonnance du tribunal, elle rendait visite à sa mère deux fois par semaine et mon emploi du temps ne me permettait pas de l'y accompagner. Puis, quand les jours sans coup de fil se sont succédé, j'ai commencé à regretter de l'avoir refusée. Lorsqu'une autre mère nourricière m'a téléphoné pour me parler de jumeaux de six ans qu'elle recevait, j'ai boudé le reste de la journée. Au bout d'une semaine, cette envie d'enfant m'a paru un peu morbide. En effet, la seule façon d'obtenir ce que je voulais impliquait qu'une autre famille plonge dans le bourbier des services sociaux. Même si le but des familles d'accueil est de fournir un refuge aux enfants en attendant que leurs proches en soient capables, la réalité est différente pour beaucoup de gamins. Un sur cinq ne retournera jamais chez lui. Dans de nombreux cas, la situation familiale n'aura pas changé et ils seront placés en famille d'accueil plusieurs fois avant l'âge adulte. De telles années ne brisent pas seulement les familles, elles les anéantissent sans possibilité de réparation. Après des réunions sans fin et des piles de paperasses, il ne reste de certaines qu'un résumé dans un dossier que personne ne lira. Il fallait que je me fasse à l'idée que je construisais ma vie autour du malheur des gens.

Une blague circulait dans notre groupe de soutien aux parents adoptifs : si vous voulez passer un week-end tranquille, ne répondez pas au téléphone après seize heures le vendredi. Les travailleurs sociaux, qui avaient vu des familles s'effondrer la semaine, décidaient souvent que les enfants ne seraient pas en sécurité chez eux le week-end et demandaient un placement d'urgence. Beaucoup de personnes désiraient passer un week-end tranquille ce deuxième vendredi de janvier parce que le téléphone a sonné vers dix-sept heures. L'assistante sociale semblait paniquée.

— Kathy, il faut que tu me dépannes ! J'ai une pièce remplie d'ados et je viens de recevoir trois demandes de lit pour des plus jeunes.

Je tiquais un peu qu'on présente ma maison comme un simple lit, comme si personne ne vivait à l'intérieur.

— Parle-moi d'eux.

Bruit de papier froissé, petits cris en arrière-plan.

— Voyons... J'ai la plus petite des Matthews, Tiffany. Elle n'a pas quatre ans. Tu as dû avoir sa grande sœur quelques semaines l'année passée.

— Je croyais que les filles vivaient chez leur tante ?

— En effet, mais il y a eu des problèmes. La crèche s'est plainte que Tiffany était sale et affamée le matin et, cette semaine, elle avait deux ou trois ecchymoses suspectes. La tante a paru soulagée quand nous lui avons téléphoné. Elle ne devait pas s'attendre à autant de travail. En tout cas, Tiffany est adorable. Elle n'a pas de besoins particuliers et pas de dossier médical. J'ai aussi une fillette de dix ans, Carmen Santiago. Sa mère a écopé de trois mois de prison pour chèques sans provision. Comme le père a des problèmes de drogue, on ne peut pas la lui laisser. Mis à part ses prothèses auditives, il n'y a rien à signaler. Elle suit un programme d'études spécialisées. C'est une fillette brillante. Enfin, j'ai Daisy. Elle a besoin d'un lit d'urgence ce week-end puis ce sera l'unité spécialisée la semaine prochaine.

Ma curiosité l'a emporté.

— Pourquoi ? Quel est son problème ?

— Elle n'a que six ans mais déjà deux hospitalisations en psychiatrie à son actif. Anorexie. Agressivité vis-à-vis de sa mère. Langage très sommaire. Peut-être attardée. Et très dépressive. Elle avale des tonnes de médicaments.

— Pauvre petite. Les familles ne vont pas se bousculer pour la prendre.

— C'est sûr ! J'espère qu'ils auront un lit pour elle à l'hôpital.

Il a fallu quelques instants pour que les images s'organisent dans mon esprit.

Je connaissais vaguement Tiffany. Jolie, pétillante. Les mêmes personnes fréquentaient les services sociaux depuis si longtemps que le nom des enfants parlait tout de suite aux parents nourriciers. Tiffany était encore jeune et en assez bonne santé. Elle s'entendrait bien avec Karen et Jazzy. J'avais aimé son portrait de Carmen. Si la vie n'avait pas été tendre avec elle et qu'elle parvenait à suivre des cours intensifs malgré un problème d'audition, un bel avenir l'attendait. Sa présence serait bénéfique à Priscilla et Crystal. Il restait Daisy. Si l'hôpital ne prenait pas le relais, elle finirait en établissement spécialisé. Je penchais pour Carmen vu que j'espérais un enfant plus âgé. Si seulement Bruce avait été là pour me donner son avis.

— Hé ! Tu es toujours là ?

— Désolée ! me suis-je exclamée en riant. Je réfléchissais. Tiffany et Carmen seront faciles à placer alors j'opte pour Daisy. Oui, ce sera Daisy.

J'ignore quel orgueil démesuré m'a poussée à accepter Daisy mais, quel qu'il fût, j'étais moins sûre de moi à son arrivée. Nous étions une famille qui se recréait constamment. Chaque nouvelle venue changeait la dynamique du groupe et pas toujours en mieux. Par le passé, nous avions suivi des enfants très dérangés et l'expérience nous avait tous marqués. Bruce avait été très clair sur ce point : nous étions une famille, pas un hôpital. Il ne sauterait pas de joie à la vue de cette petite, qui n'avait pas appris à vivre dans un cadre familial. Nous voulions pouvoir nous amuser avec nos enfants, créer une différence dans leur vie. Après une expérience malheureuse avec deux fillettes que nous n'étions pas parvenus à aider, nous avions appris que l'amour seul ne suffisait pas à changer le destin d'un enfant. Je n'avais aucune autre information sur Daisy, mais le peu que je savais me disait qu'elle allait vraiment mal et qu'il ne serait pas facile de s'occuper d'elle.

Les services sociaux avaient appelé tellement tard qu'ils ont préféré laisser Daisy chez elle jusqu'au lendemain matin. Cela signifiait un placement le week-end, ce qui n'était pas inhabituel. De plus, cette fois-là, son assistante sociale était de garde. J'aurais dû y voir un signe ! Ce délai m'a au moins donné le temps de préparer Bruce à l'arrivée de Daisy.

— Je croyais que nous n'en reprenions plus, Kathy ?

— Tu ne veux plus offrir une chance à ces enfants avant qu'ils ne soient considérés comme perdus pour la nation ?

— Non. En accueillir plus que nous ne pouvons en recevoir. Cette petite semble avoir un besoin infini d'attention. Où vas-tu trouver le temps pour les docteurs, le thérapeute et les professeurs ? Nous avons sept autres enfants qui ont besoin de nous. Quelqu'un risque de rester sur le bas-côté.

Le fait que Bruce ait raison ne m'aidait pas.

— Faisons un essai ce week-end. Si cela ne marche pas, on appellera lundi. Deux petits jours et elle n'a que six ans. On a vu pire !

Notre conversation a alors été interrompue par un grand fracas suivi de hurlements en provenance de la salle de jeux.

Bruce s'est précipité au premier.

— On a vu pire ? m'a-t-il lancé en haut des marches.

Je n'ai pas dormi de la nuit et cela m'a pris la matinée pour préparer son arrivée. Je n'ai pas dit grand-chose aux filles, excepté que nous attendions la venue de Daisy et qu'elles devaient se rappeler la gêne d'être nouveau et apeuré. Je voulais voir tout le monde sous son meilleur jour, ai-je continué. La plupart des enfants aiment avoir l'occasion de montrer de la gentillesse et les miens ne faisaient pas exception à la règle. Tandis que je mettais des draps propres dans le lit de Daisy, toutes ont cherché avec empressement quelques peluches à partager avec elle.

Quand elle est arrivée le samedi après-midi, Daisy ne marchait pas, elle courait. Tel un petit crabe, elle est passée en biais devant moi, a croisé brièvement mon regard et a refusé mes signes d'amitié. Elle a également ignoré les filles, qui s'étaient réunies dans la cuisine pour discuter. En vérité, chacune souhaitait être la première à compter la nouvelle parmi ses amies. La réserve de

Daisy les a un peu effrayées. Cette petite voletait d'un meuble, d'un jouet, d'un livre à l'autre, les examinait rapidement avant de passer au suivant. Rien ne retenait son attention plus d'une seconde jusqu'à ce qu'elle repère notre chat, Molly. Daisy a poussé un couinement – de plaisir certainement – et s'est emparée du félin. Molly se débattait.

— Molly n'aime pas qu'on la serre si fort, ma chérie. Elle a mal. Pose-la et caresse-la doucement. Comme ceci.

Daisy m'a remis Molly et m'a même laissée lui prendre la main pour caresser la fourrure en bataille du chat.

— Là... Molly aimera ta compagnie si tu es gentille avec elle.

Pendant que Daisy s'occupait du chat, j'ai pris le temps de la regarder et j'ai été frappée par son mauvais état. Ses cheveux bruns étaient si fins que l'on voyait son cuir chevelu par endroits. Il n'y avait pas un gramme de graisse sur son corps émacié et de minces rubans de mucus vert coulaient de son nez. Ses yeux noirs étaient enfoncés dans leur orbite. Je me suis demandée à quand remontait son dernier repas. Personne ne l'aurait qualifiée de jolie, mais elle possédait cette innocence que je trouvais attirante.

Il fallait que j'entre en contact avec Daisy, qu'elle comprenne mon rôle de mère dans cette maison, qui était à présent la sienne. À la plupart des enfants, j'offrais de la nourriture réconfortante : du pain perdu, des potages épais, des tartines avec beaucoup de beurre et du chocolat chaud... Mais vu la relation qu'entretenait Daisy avec la nourriture, je me suis dit qu'il valait mieux lui offrir quelque chose d'un peu moins consistant.

— Tu as soif, Daisy ? Tu veux du jus de fruit ?

— Nan, nan, pas !

Daisy agitait la main comme pour parer une attaque. On ne la comprenait quasiment pas, ce qui expliquait pourquoi on avait suggéré un retard mental.

— Tu n'as pas soif maintenant. Mais peut-être voudras-tu quelque chose plus tard ?

Si Daisy m'avait entendue, elle ne l'a pas montré. Elle a remué les bras puis s'est laissée tomber sur le sol et s'est balancée d'avant en arrière. À cet instant, je me suis tournée vers son assistante sociale, Evelyne, et je lui ai fait signe de me suivre dans la salle à manger. Je voulais lui parler sans avoir Daisy dans les pattes.

Grande, Évelyne ressemblait à un oiseau avec ses grosses lunettes et sa tendance à parler et bouger en même temps. Elle s'est excusée avant de s'asseoir.

— Je suis désolée de te faire subir ça, Kathy. Tu penses t'en sortir ce week-end ?

— Pas de problème. Elle m'a l'air trop malade pour être dangereuse. Qu'est-ce qui ne va pas chez cette gamine ? Je sais qu'elle refuse de se nourrir et qu'elle ne parle pas.

Après un mouvement d'épaules recherché, Évelyne a remué dans le canapé.

— On m'a raconté la même chose. Apparemment, elle n'a pas décroché un mot à l'hôpital, alors que, d'après sa mère, elle parle à la maison.

— Et son problème d'alimentation ? Elle m'a tout l'air d'être anorexique, mais c'est difficile de croire qu'une gamine de cet âge refuse de se nourrir, à moins que son système digestif soit atteint.

— Toujours selon sa mère, Daisy boit de l'eau, mange des céréales sans lait et de la compote de pommes. Le reste lui donne des haut-le-cœur ou la fait vomir.

Je commençais à me sentir découragée.

— Je suppose qu'elle a subi des examens médicaux.

— Tous les tests connus de la médecine, m'a répliqué Évelyne. Nous possédons une longue liste des maladies qu'elle n'a pas et ignorons totalement celles qu'elle a. Sinon, il y a un catalogue complet de problèmes psychiatriques.

— Puis-je te demander lesquels ?

— Voyons, a marmonné Évelyne tout en cherchant un dossier dans son sac. État de stress post-traumatique. Trouble déficitaire de l'attention avec hyperactivité. Angoisse généralisée. Phobies multiples. Trouble oppositionnel avec provocation. La mère de Daisy, Sandra, m'a donné ses médicaments et les horaires auxquels les lui administrer. Je dois avoir le papier par-là.

Évelyne a de nouveau fouillé dans son sac et en a sorti une enveloppe froissée.

— Peut-être que tu réussiras à comprendre, toi.

Je n'étais pas surprise qu'Évelyne ne saisisse pas les instructions. Elles étaient parsemées de « si elle le prend », « si elle semble en avoir besoin » et « deux fois par jour, mais elle ne l'avalera pas ». Plus compliqué encore, je ne reconnaissais pas le nom de plusieurs médicaments et les notices sur les flacons différaient des instructions maternelles.

— Je ne peux pas, Évelyne, ai-je décrété. C'est trop dangereux. On dirait qu'elle n'a pas pris ses médicaments régulièrement ces dernières semaines. Si je parviens à les lui faire avaler, la dose risque d'être trop forte. Son corps n'a pas l'habitude.

— Tu ne peux pas arrêter son traitement sans l'accord d'un médecin. Le nom du docteur se trouve sur les flacons. Si tu peux la contacter et avoir son feu vert, alors la balle sera dans son camp. Sinon, tu dois donner ses médicaments à Daisy. Je comprends ce que tu ressens. Il y en a beaucoup.

Je dois admettre que cela m'ennuie de traiter des enfants avec des médicaments pour pallier une vie familiale minable. Du calme et des réactions prévisibles à un comportement de défi ne devraient-ils pas être le premier traitement administré à un enfant provocateur ? Ou est-il plus simple pour tout le monde de lui refiler une pilule ? J'étais découragée de voir tant d'enfants munis d'une ordonnance pour du Ritalin alors qu'ils devraient bénéficier d'un thérapeute à qui parler.

Le médicament comme réponse n'est pas toujours aussi simple qu'il y paraît. Quand les ressources d'une famille sont épuisées, il est parfois nécessaire de se servir des médicaments afin de conserver le noyau familial en état de fonctionnement. Et si un gamin était le candidat idéal pour une prise de médicaments, c'était bien Daisy.

— Tu m'as parlé d'état de stress post-traumatique ?

Évelyne a paru surprise par ma question.

— On ne t'a pas dit que Daisy avait peut-être été abusée sexuellement ?

Je visualisais cette petite gamine abandonnée aux yeux affamés et j'ai été submergée par une colère sourde.

— Peut-être ? Tu n'en es pas sûre !

— Elle a gribouillé des dessins suggestifs pendant son hospitalisation et joué avec des poupées en thérapie. Le clinicien n'a pas pu établir à quel point c'était sérieux, ni quel impact cela avait eu sur elle, ni même si cela s'était réellement produit.

— Qui lui aurait infligé cela ?

— Daisy n'a pas donné de nom mais elle ne côtoie pas grand monde, à part un petit ami de sa mère. Il a vécu avec Sandra et la petite au cours de ces quatre dernières années. Sandra prétend qu'elle vient d'apprendre qu'il faisait du mal à sa fille, et encore elle n'en est pas sûre. Elle ne voit pas comment cela a pu se produire sans qu'elle le sache. J'ajoute à son crédit qu'elle a flanqué le type à la porte. Beaucoup de femmes continuent de fréquenter ces agresseurs après la découverte de leurs actes.

— Y a-t-il un père dans le tableau ?

— Sandra ne veut pas en parler. À mon avis, il a disparu. Par contre, il y a la grand-mère, qui parle sans arrêt de karma et de champs d'énergie. Elle n'est pas méchante, juste déconnectée de la réalité. L'autre grand-mère est avocate. Impliquée elle aussi, mais trop occupée pour aider. Je crois qu'elle paie les factures. Sandra débarrasse les tables dans un café près de la fac le week-end et ne doit pas gagner beaucoup. Au passage, elle a refusé un test de dépistage de drogue.

— Et ensuite ? Voilà un cas qui semble aller nulle part…

— Daisy devra être prise en charge dans un établissement spécialisé. Il faudra laisser à la mère le temps de comprendre comment aider sa fille. Elle ne se sent pas à la hauteur pour prendre soin de Daisy. C'est Sandra qui a demandé un placement après sa sortie de l'hôpital. Si Daisy est aussi perturbée qu'elle le paraît, nous devrons aider Sandra à explorer toutes les options de placement. Nous avons déjà notre petite idée sur l'endroit où l'envoyer.

— Je ne comprends pas, suis-je intervenue, intriguée par cette histoire. Si la mère pense que sa fille a été agressée, comment peut-elle s'en débarrasser ainsi ? Elle devrait être dévastée, son instinct maternel devrait prendre le dessus. Je n'arrive pas à croire qu'elle perde son enfant de vue et l'envoie vivre chez des inconnus. Cela n'a aucun sens.

Évelyne m'a lancé un petit sourire désabusé.

— Tu es mère de famille d'accueil et tu voudrais que ce monde ait du sens. Désolée, mon chou, mais tu t'es trompée de job.

J'étais contente qu'Évelyne s'en aille et de retourner auprès de Daisy. Karen et Jazzy jouaient à l'étage ; Priscilla et Crystal cherchaient dans le vestibule des combinaisons de ski et des bonnets. D'habitude, un nouvel enfant est le centre d'attention jusqu'à ce que tout le monde ait appris à le connaître, mais Daisy avait déçu les plus grandes. Karen et Jazzy voulaient bien jouer à la poupée et aux briques, mais elles se fichaient bien des règles. Priscilla et Crystal auraient aimé une fillette plus habile qui aurait rendu les jeux de chat et de cache-cache plus intéressants. La pauvre Daisy était tout sauf habile. Je ne pense même pas que les filles lui aient proposé de les accompagner dehors.

Seule au milieu de la cuisine, Daisy agitait les mains et se balançait de droite à gauche en riant dans sa barbe... J'ai paniqué. Par où commencer avec cette petite ? Je n'étais ni médecin, ni éducateur spécialisé, ni avocat, ni thérapeute... Et surtout je n'étais pas sa mère, la personne au monde dont, selon moi, elle avait le plus besoin.

— Daisy ! me suis-je exclamée avec une gaieté que je ne ressentais pas. Tu viens m'aider à trier tes habits ?

Daisy m'a regardée avec un joli sourire et a bondi jusqu'à moi. Je ne m'attendais vraiment pas à une telle réaction de sa part et s'est alors éclairée en moi une petite lueur familière appelée « espoir ».

— Mes miens ?

— Oui, mon cœur. Tes habits. Tu peux m'aider à les sortir de ta valise ?

L'objet en lui-même était inhabituel. La plupart de mes gamins arrivaient avec des sacs poubelle verts remplis de vêtements, les autres venaient les mains vides. Non seulement Daisy avait une valise, mais celle-ci devait coûter cher. Elle était remplie de jolis vêtements, de chaussettes, de sous-vêtements et de pyjamas neufs. J'ai tout de suite reconnu les marques qu'il m'arrivait d'acheter d'occasion. Les robes et les T-shirts de Daisy valaient un certain prix. De plus, toutes ses affaires étaient propres et pliées.

Le tri n'a duré que quelques minutes et je ne savais pas à quoi m'attendre quand j'ai remis à Daisy une pile d'habits et lui ai demandé de les monter. Ne souffrait-elle pas de troubles oppositionnels ? Aucune réaction ne m'aurait surprise, excepté celle qu'elle a eue.

— OK. T'aide. T'aide. OK.

Les mots étaient difficiles à comprendre mais le visage facile à lire. Daisy m'a décoché un petit sourire que je qualifierais d'angélique. Elle paraissait détachée du monde, comme si elle n'appartenait pas à notre galaxie. Sans les autres, Daisy semblait plus calme et plus disposée. La première fois que je l'ai vue, j'ai pensé qu'elle était autiste tant elle agitait les bras et se balançait. Maintenant, à la voir de plus près, je dirais qu'elle ignorait comment communiquer et à quoi s'attendre. Vu l'imprévisibilité des derniers mois, les transferts de la maison à l'hôpital, et de l'hôpital à mon foyer, c'était compréhensible. Et si le copain de sa mère avait vraiment abusé d'elle, il n'y avait aucune raison qu'elle fasse confiance à une adulte inconnue.

Je voulais toucher Daisy. C'était une des raisons pour lesquelles j'avais quitté l'enseignement. En classe, je devais sans cesse me rappeler ma place très secondaire dans la vie des élèves. Cela ne me suffisait pas. Je voulais être plus proche d'eux, avoir une relation qui ne se terminait pas chaque mois de juin. À cet instant, j'avais envie de materner Daisy, de la nourrir, mais je ne voulais pas précipiter les choses. J'ai donc décidé de prendre ses deux petites mains dans les miennes.

— Ton nez coule, mon cœur. Et si on te lavait le visage ? Tu es d'accord ?

J'ai conduit Daisy à la salle de bains où je lui ai doucement nettoyé le visage avec un gant très doux. Elle a tressailli quand j'ai approché la main de sa joue – ce petit mouvement m'a contrariée –, mais elle m'a laissé la laver. Je me suis agenouillée pour la contempler et lui ai tendu un miroir. Daisy a observé son image un long moment, puis m'a souri.

— Tu es très jolie, Daisy. Je mets des mouchoirs en papier dans ta poche. Quand ton nez coulera, tu n'auras plus besoin de t'essuyer avec ta main. D'accord ?

Daisy a hoché la tête. Puis elle s'est remise à tournoyer et à agiter les mains. Je me suis placée derrière elle afin de prendre dans mes bras son corps osseux et lui ai murmuré à l'oreille :

— Respire un bon coup, mon cœur. Eh ! Tu savais que mon métier était le plus beau au monde ? Mon travail consiste à veiller sur la sécurité des enfants. Je m'assure que leur vie n'est plus si effrayante. Il ne t'arrivera rien de mal ici. D'accord ?

Daisy a continué à se balancer, puis m'a fixée du regard. Il y avait quelque chose de déconcertant dans cette manière franche de me juger. Au bout d'un moment, elle a détourné les yeux et m'a pris la main. Ensemble, nous avons monté ses vêtements au premier. Daisy était comme accrochée à ma jambe.

Je l'ai conduite dans la chambre des petites et lui ai montré le lit de chacune. Karen et Jazzy s'y trouvaient déjà, jouant avec la maison de poupée. Daisy a alors lâché ses vêtements, a poussé un cri aigu et s'est précipitée vers elles. Apeurée, Karen a écarquillé les yeux. Karen était une drôle de petite fille qui avait horreur que les choses ne soient pas rangées à leur place. Les meubles de la maison de poupée étaient justement disposés comme elle l'aimait, c'est-à-dire de manière ordonnée et symétrique.

— Attends, Daisy ! suis-je intervenue. On les rejoint lentement. Et si tu demandais aux filles de jouer avec toi ? Elles te laisseront participer si tu prends soin de leurs affaires.

Daisy ne savait que penser. Alors, toutes les deux, nous nous sommes approchées de la maison de poupée.

— Voici Karen. Voici Jazzy. Les filles, je vous présente Daisy. Je crois qu'elle aimerait jouer.

— Tu peux jouer, a décidé Karen, mais tu ne déranges rien. Tu seras le frère.

Quelle générosité ! ai-je pensé. La nouvelle se voit attribuer le rôle que personne ne veut. Mais j'avais sous-estimé Daisy, qui a répondu avec une clarté édifiante.

— Non, moi bébé. Moi veux bébé.

Daisy s'est alors agenouillée à côté de Jazzy et s'est emparée du bébé dans son berceau.

— Mamma, mamma, a-t-elle crié d'une voix aiguë et grinçante.

Ignorant les deux autres enfants, Daisy a observé la maison en bois. Sans la moindre hésitation, elle a pris l'une des poupées.

Lentement, elle l'a sortie de la cuisine pour la placer dans une chambre à l'étage. Elle a attendu un moment, poupée à la main, avant de la poser dans un coin, face au mur.

— Je t'entends pas. J't'entends pas, a-t-elle murmuré.

Puis, pour incarner le papa, elle a placé une autre poupée dans le salon. Daisy a dû réfléchir un long moment avant de l'asseoir sur le canapé, les pieds tendus devant elle. Avec une grande précision, elle a commencé à empiler des meubles et des habits de poupée sur le jouet jusqu'à ce qu'il soit complètement enfoui. Quand Karen a protesté, je l'ai prise sur mes genoux en secouant légèrement la tête. Cette mise en scène était importante pour Daisy et je ne voulais pas l'interrompre. Daisy a pris la poupée jouant le rôle du bébé et, sans la moindre hésitation, l'a posée dans le berceau, qu'elle a retourné. Le bébé était pris au piège. Puis elle a poussé un profond soupir et marmonné « tout partis » avant de s'accroupir.

Quel étrange petit scénario ! Il m'a bouleversée sans que je sache vraiment pourquoi. De nombreux enfants s'étaient servis de notre maison de poupée pour jouer des scènes bien plus brutales, mais il y avait là quelque chose d'inhabituel, une sorte de message que je ne suis pas parvenue à déchiffrer.

Une fois sa petite scène terminée, Daisy a paru contente de jouer aux côtés de Karen et Jazzy. Comme deux des ados étaient disponibles pour surveiller les petites, je suis descendue pour mieux réfléchir à l'étape suivante.

Les filles avaient l'habitude de goûter et je ne savais trop comment faire. J'étais tentée de ne pas convier Daisy, étant donné ses problèmes alimentaires. Mais, en général, l'évitement n'était pas la meilleure stratégie pour aider les gamins à se débrouiller. Dans mon esprit, si je disposais la nourriture sur la table et agissais comme si elle allait manger, Daisy mangerait, et le problème serait résolu. Bien entendu, ce n'était pas aussi facile.

J'ai cherché dans les placards quelque chose de raisonnablement sain, susceptible de plaire à un enfant. Mon choix s'est arrêté sur des muffins à la myrtille, des quartiers de pomme et un petit saladier de fromage à la crème. J'ai même sorti une nappe en tissu et des tasses fantaisie – une attention spéciale que je n'avais pas souvent le temps d'accorder, mais je voulais une atmosphère accueillante. Comme il faisait froid, j'ai préparé du chocolat chaud.

J'ai appelé Priscilla et Crystal. À leur arrivée, elles avaient les joues rouges et mouraient de faim. Entendant du bruit, les jeunes se sont précipitées à table sans que je les appelle. Daisy est apparue après les autres. Depuis le seuil de la cuisine, elle a regardé les filles se servir de muffins et de fromage, ajouter des tonnes de chantilly dans leur tasse de chocolat fumant. Sa respiration a alors changé ; chaque inspiration paraissait plus rapide et plus profonde que la précédente. Je n'ai pas compris tout de suite qu'elle était en hyperventilation.

— Trésor ! Essaie de te calmer, d'accord ? Ne respire pas si vite. Tu peux me regarder et inspirer comme moi ? Lentement. Oui, comme ça, lentement.

J'ai utilisé ma voix la plus calme et la plus douce, comme avec un chaton imprévisible, et je l'ai conduite à table. À nouveau, la gentillesse innée de mes filles a vite refait surface. Priscilla s'est levée et a proposé sa place à Daisy, ce qui la positionnait entre les deux aînées. Apparemment, ce n'était pas grand-chose, mais il faut savoir que les enfants placés ne possèdent quasiment rien. Une place à table représente beaucoup à leurs yeux. C'est un signe de propriété et d'appartenance. L'offre de Priscilla levait le voile sur la généreuse fillette qui se cachait sous une apparence difficile.

Crystal a ensuite déposé un muffin dans l'assiette de Daisy et lui a tendu une serviette. La vue du gâteau a été difficile pour Daisy, qui s'est mise à se balancer d'avant en arrière sur sa chaise. Je l'entendais compter de un à dix, comme une douce litanie susurrée.

Peut-être qu'un muffin entier lui paraissait insurmontable ? J'ai repoussé l'assiette et me suis agenouillée à côté de Daisy.

— La nourriture doit faire peur quand on n'a pas mangé depuis longtemps. Commençons par quelque chose de plus petit. Ça te dit un morceau de pomme ?

Daisy était au bord des larmes, sa lèvre inférieure tremblotait. Elle était si poignante avec son nez morveux, son petit visage pincé, que j'ai failli céder et lui demander de monter. Mais je ne voulais pas que cette première à table se termine par un échec, ni pour elle ni pour moi.

— Allez, Daisy, un quartier de pomme et tu iras t'amuser. Tu aimes les Muppets ? Je te mettrai le DVD quand tu auras fini.

Tandis que Daisy gardait la mâchoire fermée, je me suis contractée face à ce qui ressemblait à première vue à de l'entêtement. Deux pensées m'ont empêchée de perdre patience. Primo, dans tout conflit concernant la nourriture, le gamin finit par gagner. Secundo, Daisy n'était pas en opposition mais effrayée, et il devait probablement y avoir une bonne raison. Cette pensée m'a poussée à adopter une autre tactique.

— Il paraît que tu aimes la compote, Daisy. Tu savais que la compote, c'est en fait des pommes écrasées ? Regarde, tu peux en faire toute seule. Prends ta fourchette et écrase ton morceau.

J'ai placé la fourchette dans la main de Daisy et l'ai aidée. Nous n'avons pas fait beaucoup de compote, mais les autres filles étaient impressionnées et, bien entendu, elles ont voulu écraser des pommes à leur tour. Très vite, tout le monde avalait des cuillerées dégoulinantes de compote maison. Parmi les gloussements de joie, Daisy est parvenue à avaler deux bouchées.

C'est étonnant comme un petit succès en amène d'autres. Après avoir installé les filles devant le film des Muppets, j'ai rempli un grand saladier de pop-corn salé. Sans rien dire, je l'ai posé sur la table basse à côté d'un pichet de jus d'orange et de gobelets en plastique. J'espérais que Daisy verrait les autres se régaler pendant le film et déciderait de se joindre à elles.

Après le film, j'ai compté les trois comprimés que Daisy devait prendre en essayant d'afficher une certaine fermeté. Sur ce point, Daisy n'a pas voulu céder. Elle ne prenait pas ses médicaments. Si j'avais eu les connaissances en médication psychiatrique que j'ai aujourd'hui, je me serais davantage inquiétée. Ces médicaments complexes ne sont pas à traiter à la légère. Il faut les prendre sans interruption et à la même heure. C'est de la chimie d'un cerveau d'enfant dont il est question. Au bout de quinze minutes d'insistance de ma part et de refus de la sienne, j'ai baissé les bras et rangé ses médicaments dans la boîte à leurres fermée à clé sur le frigo. Puis j'ai appelé le médecin dont le nom figurait sur les flacons et lui ai laissé un message. Voilà un problème que j'étais enchantée d'abandonner à quelqu'un d'autre.

J'ai aussi téléphoné à Bruce au travail. Je voulais lui parler de l'éventualité d'abus sexuels. Nous nous étions occupés d'un nombre déprimant de fillettes qui avaient été violées. Alors que certaines enfants paniquent tels des animaux piégés quand un homme s'approche d'eux, d'autres flirtent de manière provocatrice. À mes yeux, les cas les plus tristes sont ceux des fillettes qui se sont refermées sur elles-mêmes et ont pris mentalement la fuite, seule issue qu'elles aient apprise.

Je n'aurais pas dû m'inquiéter pour Daisy. Elle a accueilli Bruce avec les mêmes petit sourire, battements de bras et tours sur elle-même qu'elle nous avait réservés. Son sourire a touché mon mari, qui a tendu la main pour écarter les cheveux de son visage.

— Bonjour Daisy. Content de te compter parmi nous.

Daisy n'a pas répondu, mais elle s'est glissée à ses côtés et a posé la tête contre sa hanche. Ce geste tendre l'était d'autant plus qu'il était inattendu.

Ensuite, j'ai préparé ce qui, je l'espérais, était un dîner inoffensif. Quoi de plus fade que des blancs de poulet, du riz et des petits pois ? Et pourtant, Daisy n'a pu avaler que quelques grains de riz. Devais-je céder et lui donner ses céréales sans lait ? Je ne voulais pas aggraver ses problèmes d'alimentation en lui offrant trop rapidement une alternative, que je trouvais d'ailleurs inadéquate d'un point de vue nutritionnel. Je ne souhaitais pas non plus transformer chaque repas en lutte de pouvoirs. Pour finir, je lui ai donné un bol de céréales, tout simplement parce que je n'avais pas de meilleure idée.

À la maison, l'heure du coucher tourne souvent au désastre. Avant de venir chez nous, Crystal et Priscilla se couchaient quand bon leur semblait. Crystal en particulier regardait régulièrement les talk-shows après vingt-trois heures en attendant le retour de sa mère. Par conséquent, les deux filles essayaient par tous les moyens de ne pas aller au lit à des heures « aussi peu raisonnables ». Jazzy avait de violents accès de colère plusieurs soirs par semaines. J'envoyais les plus grandes dans la salle de jeux pendant que je tentais de la calmer. Je comptais que Jazzy m'accorde une soirée de répit pour la première nuit que Daisy passerait avec nous. Raté. Perturbée par la présence d'une nouvelle enfant, Jazzy s'est mise à hurler avant même que nous ayons atteint l'escalier. Neddy a donc dû s'occuper de Daisy – cela n'aurait pas été une bonne idée de laisser Bruce mettre la petite en pyjama. Comme à mon habitude, j'ai bercé Jazzy pendant quelques minutes. Je l'ai allongée dans son lit, puis lui ai parlé doucement tout en m'approchant de la porte. Cela se passait rarement sans heurts. Bien souvent, elle mugissait comme une sirène après mon départ. Sinon, elle refusait de rester dans son lit ou sa chambre et je passais une heure à l'y ramener. Je dois admettre que, plus d'une fois, j'ai appelé une autre maman nourricière pendant que Jazzy criait. De cette manière, je ne perdais pas mon calme et ne commettais aucun geste que j'aurais regretté. Je n'avais pas envie de la fesser, mais de hurler plus fort qu'elle, ce qui sans aucun doute n'était pas la réponse adéquate. Au bout du compte, ce soir-là comme de nombreux autres, la solution a consisté à m'allonger à côté de Jazzy jusqu'à ce qu'elle s'endorme. J'ai moi-même dû m'assoupir parce qu'à mon réveil la chambre était plongée dans le noir. Les filles étaient assoupies et Neddy s'était couchée aux côtés de Daisy, lui fredonnant des berceuses pour l'endormir. Je souriais dans le noir. Neddy était très douée avec les enfants.

Une fois que les deux filles ont été endormies, Neddy et moi sommes descendues dans la cuisine. Nous traversions une année difficile toutes les deux. L'adolescence est un dur moment à passer dans de nombreuses familles et la nôtre ne faisait pas exception. Les complications dues aux adoptions, aux enfants accueillis, aux identités culturelles et raciales, n'arrangeaient rien. Bruce et moi nous chamaillions avec Neddy pour des problèmes de couvre-feu, de temps passé au téléphone et de devoirs non faits. Néanmoins, sous sa carapace d'ado hostile, Neddy nous comblait et se préoccupait vraiment de nos petits bouts.

— Quel est le problème de Daisy, maman ? m'a murmuré Neddy. Sous ses airs bizarres, elle est plutôt mignonne.

C'était exactement l'adjectif qui qualifiait Daisy : mignonne. Pourtant, les abus, la négligence, la pauvreté et la tristesse abrutissante de ne pas avoir de parents aimants dérobent souvent cette grâce aux enfants. Pas à Daisy. Malgré les diagnostics pessimistes et d'évidents problèmes existait la plus mignonne des fillettes.

Tard ce soir-là, devant une tasse de café, Bruce et moi avons parlé des crises de Jazzy et de la visite prochaine de la mère de Crystal. Bruce se demandait s'il y avait un lien entre la rébellion de Neddy, la friction que cette révolte provoquait, et l'angoisse croissante de Karen. Cette dernière vivait avec nous depuis sa naissance, ou presque, et n'avait subi aucun traumatisme. Quand nous l'avions adoptée à l'âge de trois ans, elle était la santé physique et psychologique incarnée. Ces derniers mois, les choses avaient changé. Karen ne tombait jamais malade mais, depuis peu, elle développait des tics. Elle clignait des yeux, remuait le nez et venait d'ajouter un reniflement à son répertoire. Il y avait également son souci de vouloir tout contrôler. Les choses devaient être rangées de manière ordonnée et symétrique. Il fallait que les paires correspondent à la perfection, comme la longueur de ses lacets ou les oreillers de son lit. Franchement, nous étions inquiets et ne savions que faire. Karen effectuerait une visite médicale en mars et, comme rien dans son comportement ne laissait entrevoir une crise, nous avons décidé d'attendre le diagnostic de son pédiatre.

Enfin, nous avons discuté de Daisy. Bruce était déjà convaincu que cette idée de placement en établissement spécialisé était une erreur, même avec des hospitalisations.

— Je pense que ces endroits conviennent aux gamins tellement durs qu'on n'est pas en sécurité à leurs côtés. Daisy est peut-être étrange, mais elle ne fait pas partie de cette catégorie-là.

— Elle a frappé sa mère.

— Tu n'as pas rencontré cette femme. Elle mérite peut-être qu'on la tape.

— Très drôle. J'aime beaucoup Daisy, mais devons-nous absolument en parler ? Tu as dit qu'elle n'était pas pour nous. Nous n'avons pas besoin d'un enfant agressif auprès de Karen, qui est si fragile. Considérons cette période comme une lune de miel.

— Elle est innocente jusqu'à preuve du contraire. Ce ne serait pas la première fois qu'un enfant diffère totalement de ce qu'on raconte à son sujet. Si nous pouvons lui éviter un placement en établissement, nous devons essayer.

J'ai souri. Il n'avait fallu qu'une soirée à Bruce pour changer d'avis au sujet de Daisy. Cela en disait long sur les deux intéressés !

— Ce n'est malheureusement pas à nous de décider, ai-je soupiré. Elle est déjà sur liste d'attente et n'oublie pas qu'il s'agit d'un placement volontaire. Sa mère aura toujours le dernier mot.

— Nous avons déjà accueilli des enfants sur liste d'attente. Cela peut prendre des mois avant qu'une place se libère. Et si elle se comporte bien chez nous, sa mère n'insistera peut-être pas. Elle n'a jamais vu d'établissement spécialisé… Ce ne sont pas des pensionnats de jeunes filles.

Bruce avait raison. Ces établissements étaient destinés à des enfants tellement incontrôlables qu'ils avaient besoin de règles dignes de prisonniers et non d'écoliers. Daisy serait dévorée crue dans un lieu pareil.

3

Évelyne n'a pas vu d'inconvénient à ce que nous gardions Daisy, sa mère non plus, bien que celle-ci ait été déconcertée par notre décision. Est venue s'ajouter une requête inhabituelle qui, je peux le dire, m'a un peu vexée. Évelyne m'a demandé si Sandra et sa mère pouvaient venir chez moi pour me rencontrer et visiter la chambre de Daisy. Elles avaient entendu tellement d'horreurs sur les familles d'accueil qu'elles souhaitaient s'assurer du bien-être de la petite.

Je savais ce qu'elles s'imaginaient. Au mieux, nous serions une famille indifférente et cupide, peu concernée par les besoins des enfants qui nous étaient confiés. Au pire, on parlait de nous dans les journaux – une famille réputée pour affamer les bébés, enfermer les enfants dans des cages. C'est l'image que j'aurais moi-même eue à l'esprit quelques années auparavant. En fait, je connaissais plusieurs familles que je n'aurais souhaitées à aucun gamin. Cette requête m'a conduite à me questionner : si Sandra était si inquiète pour la sécurité de sa fille, pourquoi avait-elle demandé un placement volontaire ? Combien de familles sans ressources se battaient bec et ongles pour empêcher le placement de leurs enfants en famille d'accueil ? J'ai concédé à leur visite, mais pas de gaieté de cœur. Je permettais à des parents de venir chercher leur progéniture chez moi, parce que je les avais rencontrés au bureau plusieurs fois et que j'étais certaine qu'ils ne représentaient aucune menace pour les miens. De plus, c'était le travail du ministère de s'assurer que je faisais bien mon travail et que ma maison était sans danger, et non celui des parents. Jamais les services sociaux n'avaient demandé cela auparavant. Je ne voulais pas croire que Sandra recevait un traitement spécial en raison du statut social de sa famille, mais cela en avait tout l'air.

Malgré mes réserves, Sandra est venue. À dix heures, le mardi matin suivant, je lui ai fait visiter la maison en me demandant ce qu'une inconnue pourrait bien en penser.

J'adorais ma maison, ses drôles de plafonds inclinés, ses recoins et ses placards biscornus. Mais je savais que, selon les critères en vigueur, elle ressemblait à un capharnaüm du fait d'avoir abrité huit enfants courant de la cave au grenier. Les œuvres de nos petits artistes s'accumulaient sur le frigo, le vestibule était un chantier permanent, et l'évier de la cuisine débordait souvent. J'essayais de tenir ma maison rangée, mais il y avait toujours un projet de science sur la table de la salle à manger, des combinaisons de ski qui s'égouttaient au-dessus de la baignoire... Néanmoins, notre demeure était chaleureuse et hospitalière et, en ce matin frais, avec les rayons du soleil qui éclairaient le salon, je la trouvais ravissante.

Évelyne est arrivée avec quinze minutes de retard, comme à son habitude. Deux femmes qui semblaient originaires de deux planètes différentes – la mère et la fille en vérité – sont entrées derrière elle. Maître L. Burton Hodges était superbe dans son tailleur haute couture et ses chaussures en cuir qu'elle n'avait pas achetées dans un centre commercial. Elle avait les cheveux ébouriffés comme seul un coiffeur hors de prix peut vous les arranger. Elle m'a serré la main pendant qu'Évelyne nous présentait et, soudain, j'ai eu honte de mon jean délavé et de mon sweat-shirt difforme.

De son côté, Sandra ressemblait à une vieille hippie. Pas forcément jolie, elle avait ce côté éthéré, comme Daisy, qui séduisait. On aurait dit qu'elle se rendait à une soirée déguisée. En résumé, tout était excessif chez elle – cheveux, bracelets, bagues... Même son bonjour.

— Oh mon Dieu ! Je suis si heureuse de vous rencontrer. Enfin, j'ai entendu tellement de compliments sur vous. Vous devez être une sainte pour accueillir une gamine comme Daisy. L'énergie de cette maison est géniale. Je l'ai sentie dès que j'ai franchi le seuil. Vous pratiquez le feng shui ? La paix est totale.

Je n'ai pas pu m'empêcher de rire.

— J'arrive à peine à tenir cette maison propre ! Mais j'accepte néanmoins le compliment. S'il vous plaît, venez vous asseoir. J'appelle Daisy. Elle sera heureuse de vous voir.

Les autres enfants allaient à l'école, mais Daisy n'y était pas encore inscrite. J'étais contente de pouvoir rencontrer la mère et la grand-mère de la petite sans être continuellement interrompue par les filles. Malgré la fermeté avec laquelle je leur demandais de bien se tenir quand je recevais de la compagnie, elles ne résistaient pas à l'envie d'attirer l'attention des adultes. Priscilla réclamait toujours quelque chose que je lui refusais et Jazzy piquait une crise de colère si elle sentait que j'étais accaparée ailleurs.

Daisy est descendue dès que je l'ai appelée. Je l'avais pomponnée de mon mieux ; elle portait une jolie tenue, son nez était mouché. Il n'y avait pas grand-chose à faire avec ses cheveux, mais au moins ils étaient propres. Il avait fallu deux jours à son médecin pour me rappeler et, cette fois, il était clair que Daisy pouvait vivre sans médicaments. J'ignorais si la raison s'en trouvait là, mais Daisy paraissait moins dans la lune qu'à son arrivée. Son discours demeurait assez limité, mais elle parvenait tout de même à se faire comprendre. De mon côté, j'étais contente d'elle. J'espérais que Sandra verrait Daisy d'un œil différent et envisagerait de repartir avec sa fille unique. Depuis le début, j'avais beaucoup de mal à comprendre pourquoi il lui était si difficile de s'en occuper. J'avais multiplié les efforts, surtout au moment des repas, mais jamais je n'avais vu enfant si désireuse de plaire que celle-ci. Il m'était quasiment impossible d'imaginer cette chère petite Daisy en fillette oppositionnelle ou agressive. Elle avait pris l'habitude de se tenir à côté de moi quand je faisais la vaisselle et de me coller jusqu'à ce que je lui fasse un câlin. Je détestais l'idée de voir Daisy nous quitter, seulement il n'y avait aucune raison pour qu'elle reste chez nous.

Daisy est arrivée en sautillant dans le salon et s'est arrêtée net sur le seuil. Elle a dévisagé sa mère et sa grand-mère sans bouger ni prononcer un mot. Je m'en suis aussitôt voulu de ne pas l'avoir préparée à leur visite. Je pensais que ce serait une belle surprise. Dieu que j'avais tort. Daisy paraissait dévastée. Sandra a fini par briser le silence.

— Daisy, mon bébé ! Comme tu m'as manqué ! Viens embrasser maman.

Elle a prononcé ces mots comme si elle les avait longuement répétés devant un miroir pour trouver la bonne intonation.

Je me suis demandée comment Daisy prendrait sa mère dans ses bras si celle-ci ne se levait pas du canapé. La grand-mère a pris la parole sans que Daisy ait eu le temps de réagir.

— Daisy ! Ma grande, je suis ravie de te voir. J'espère que tu es sage.

Finalement, c'est Évelyne qui s'est approchée de la petite pour l'enlacer.

— Bonjour ma puce ! Je suis tellement contente de te voir ! Kathy m'a dit que tu t'en sortais bien. Regarde qui m'accompagne. Tu ne t'attendais pas à voir ta maman aujourd'hui !

Daisy s'est laissé attendrir. Avec le sourire, elle a filé dans les bras de sa mère.

— Jour mama. Venue me chercher ? Rentre à la maison ?

Ses mots n'étaient pas très clairs, mais son visage disait tout. Malgré son sourire, elle était morte d'inquiétude.

— Pas encore mon bébé. Maman a besoin d'aide pour se débrouiller. Ce sera mieux si tu restes ici un peu plus.

Mme Hodges ne s'est pas levée mais est restée assise, droite comme un i, les mains croisées sur les jambes. Daisy a observé sa mère et sa grand-mère, cherchant un indice sur ce qu'on attendait d'elle. Après un laps de temps interminable et un petit coup de coude de Sandra, Daisy a couru vers sa grand-mère. Comme son nez coulait, Daisy s'est essuyée avec le dos de sa main avant d'embrasser Mme Hodges, qui a frissonné puis s'est éloignée de sa petite-fille.

— Vraiment Daisy, tu devrais apprendre à te servir d'un mouchoir !

Il était impossible de ne pas remarquer le dégoût dans sa voix.

J'ai serré la petite dans mes bras, lui ai donné un mouchoir en papier, puis suis allée dans la cuisine préparer un thé. Évelyne m'a proposé son aide mais je suis à peu près certaine qu'elle cherchait un prétexte pour échapper à la scène déplaisante qui se déroulait dans le salon.

— J'ai l'impression d'assister à un accident de voiture, m'a-t-elle chuchoté pendant que je sortais les tasses. Tu ne veux pas regarder mais tu ne peux pas t'en empêcher.

Je la comprenais. C'était la réunion la plus étrange de ma vie, et j'avais pourtant participé à des rassemblements gratinés. La tension entre elles ne pouvait pas être mise sur le compte de la gêne engendrée par une rencontre chez des inconnus.

— Quelle est votre spécialité, madame Hodges ? lui ai-je demandé, une fois le thé servi.

— Je suis à la retraite, mais je faisais du droit. Planification testamentaire, ce genre de choses. Un travail très austère, j'en ai peur. Maintenant, je consacre mon temps à l'église. C'est bien plus enrichissant. M. Harrison et vous êtes catholiques ?

— Non, ai-je répondu avec un sourire. Nos familles sont protestantes depuis des générations. Nous avons un mormon pour la forme ainsi qu'un quaker ou deux. Daisy va à la messe ?

D'un regard, Sandra a fait taire sa mère.

— Je n'adhère pas à ses idées sur les religions organisées. L'Univers est ma religion. Vous comprenez ? Elle emmène Daisy à la messe parfois, mais je ne mange pas de ce pain-là. Je me moque que Daisy y aille ou non, mais, de mon côté, je lui parle aussi de mes croyances.

— Je suis sûre que Mme Harrison n'a pas besoin d'écouter ces idioties qu'un esprit non averti confondra avec de la théologie, lui a rétorqué Mme Hodges.

Pendant que la tension croissait entre les deux femmes, Daisy rétrécissait entre les coussins du sofa. Je n'ai pas été étonnée qu'elle se mette à se balancer à toute allure d'avant en arrière, à battre des mains et à compter inlassablement de un à dix, tout cela dans un effort futile pour reprendre le contrôle de ce monde chaotique.

Je me suis à nouveau retrouvée en présence d'un dilemme familier. Ni Sandra ni

Mme Hodges n'envisageaient une seconde de se préoccuper des sentiments de Daisy, trop accaparées par leur bataille de volonté. Je mourais d'envie de réconforter cette fillette, qui n'était pas mienne. Elle avait besoin de se raccrocher à quelqu'un à cet instant précis et sa famille ne paraissait pas à la hauteur. Malheureusement, si j'intervenais, je risquais de détériorer à jamais une relation que j'espérais instaurer avec sa mère. En effet, la pauvre petite avait besoin que nous nous entendions si nous voulions l'aider au mieux.

Évelyne ne s'est pas montrée aussi réservée que moi. Elle est intervenue d'une voix sèche.

— Voilà une conversation d'adultes, mesdames. Vous êtes venues pour Daisy. Sandra, pourquoi ne demandez-vous pas à Kathy et Daisy de vous montrer sa chambre. Madame Hodges, vous reprendrez un peu de thé ?

Et son stratagème pour séparer les deux femmes a marché ! Loin de sa mère, Sandra a enfin pu afficher un petit intérêt pour sa fille. Petit mais assez pour lui demander si elle ne manquait de rien et si elle s'entendait bien avec les filles qui partageaient son espace de vie. Ses yeux se sont écarquillés quand elle a vu les quatre lits dans la chambre de Daisy.

— Daisy avait l'habitude d'avoir sa chambre à elle. Je ne suis pas sûre qu'elle devrait la partager avec d'autres enfants. Serait-il possible de la changer de pièce ?

Je lui ai répondu d'une voix neutre.

— J'ai peur que non, Sandra. Les enfants subissent de grandes pertes quand ils partent en famille d'accueil. Ils perdent leurs proches, mais aussi leur maison, leur école, leurs animaux de compagnie, leurs amis... Ils doivent s'habituer à de nombreux changements en très peu de temps. C'est difficile pour eux mais la plupart s'adaptent. Ce sont les gens qui leur manquent, et non les objets. Daisy s'entend bien avec les autres fillettes.

Cette critique sous-entendue n'a pas eu d'impact sur Sandra, qui explorait déjà le reste de l'étage. J'ai tiré la porte de la chambre qu'Angie et Neddy partageaient avant que Sandra y pénètre.

Cette dernière a évité de peu un sermon sur le droit à la vie privée de mes enfants grâce à la sonnerie du téléphone. C'était les services sociaux qui me demandaient si je pouvais héberger une fillette de sept ans pendant quelques jours. En temps normal, une pensionnaire supplémentaire ne m'aurait pas demandé un surcroît de travail, mais Susan, la secrétaire, m'a annoncé, penaude, que c'était l'anniversaire de l'enfant. Il me faudrait organiser une sorte de fête pour une gamine qui n'avait pas grand-chose à célébrer.

Malgré l'interruption, j'étais contente d'avoir une excuse pour écourter la visite. Je ne trouvais pas la famille de Daisy effrayante ni intimidante – même les problèmes de Sandra étaient moins grossiers qu'enfantins. Et j'aurais probablement trouvé Mme Hodges assez intéressante en d'autres circonstances. Ces deux femmes m'agaçaient parce qu'elles étaient incapables de parler à Daisy. Émotionnellement, cette fillette avait été renversée par un camion et ses mère et grand-mère ne trouvaient pas mieux que de l'interroger sur son comportement ou sa chambre. J'aurais aimé qu'elles la serrent dans leurs bras, soient douces avec elle, veuillent réellement savoir si elle tenait le coup.

Mais cela ne se produirait pas, du moins pas ce jour-là. Tandis que les trois femmes récupéraient leurs manteaux et leurs sacs, Daisy s'est effondrée. Agitée au point de se cogner contre les murs, elle cherchait désespérément à attirer l'attention de sa mère en tirant sur son sac à main, en grimpant sur les chaises de la cuisine et en aboyant comme un petit chien. Pour la première fois depuis son arrivée, j'ai vue cette hyperactivité et ce comportement étrange dont on m'avait parlé. Plus la petite s'énervait, plus Sandra angoissait. Elle ne demandait pas à Daisy de s'arrêter, elle la suppliait. Son hésitation et son indécision amplifiaient les réactions de sa fille, qui a lâché un rire fou et s'est ruée sur elle. De mon côté, je répugnais à intervenir devant ces trois femmes, mais Daisy ne prendrait pas le dos de sa mère pour un punching-ball. Même si ses coups ne devaient pas être douloureux, cela devait cesser. J'ai attrapé Daisy et me suis accroupie. La fillette n'a pas eu d'autre choix que de s'asseoir avec moi sur le sol. Elle respirait par à-coups.

— Arrête, Daisy, lui ai-je ordonné. Tu y arriveras seule ou tu as besoin de mon aide ?

Daisy a levé des yeux paniqués vers moi.

— M'aide, a-t-elle lâché d'une voix si faible que j'ai dû me pencher pour l'entendre.

— Bien. Je veux que tu prennes de profondes inspirations, comme je t'ai montré. Quand tu seras calmée, tu monteras à l'étage et tu sortiras la glaise de sa boîte. Je veux que tu t'assoies à la table du coin jeux et que tu joues jusqu'à ce que je monte. D'accord ?

Au bout d'un moment, Daisy a hoché la tête. Elle est restée assise une minute, peut-être deux, et a respiré lourdement. J'ai relâché mon étreinte et l'ai aidée à se lever. Elle n'a pas tenté de parler à sa mère ni à sa grand-mère. Elle m'a obéi et a gravi l'escalier du pas lourd des vaincus. J'ai entendu le placard du coin jeux s'ouvrir et se refermer. Puis plus un bruit.

Quand je me suis retournée, Évelyne avait les yeux exorbités, contrairement à Sandra et à Mme Hodges, que la scène n'avait pas perturbées. Mme Hodges a enfilé son manteau pendant que Sandra cherchait un chewing-gum au fond de son sac. Évelyne a fini par briser le silence.

— Hum... Est-ce le comportement habituel de Daisy ?

— Oui, a répondu Sandra. Parfois, c'est pire. Vous voyez pourquoi je ne peux pas m'occuper d'elle. Elle devient incontrôlable et je ne sais plus quoi faire. Je pensais qu'un séjour à l'hôpital l'aiderait, mais ils pensent que c'est ma faute. Comme si m'apprendre à être mère me serait utile !

Un silence gêné s'est ensuivi. Puis la discussion a repris sur les études de Daisy, sans que soient abordés la thérapie ni le travail en commun pour aider la petite à surmonter le traumatisme d'un possible abus sexuel. C'est d'ailleurs Mme Hodges qui a mis ce sujet sur le tapis.

— Daisy est un peu limitée... Je suppose que vous l'aviez remarqué. Nous n'attendons pas de miracles, mais nous espérons qu'avec un peu d'aide elle pourra rester dans une classe normale. J'ai demandé à son école de transférer son dossier. Je présume que la vôtre sera capable de fournir les mêmes services.

Je n'avais pas l'intention d'entrer en conflit avec Mme Hodges même si je doutais que Daisy soit aussi limitée qu'elle le prétendait. Je n'allais certainement pas dire que cette enfant de six ans avait des besoins particuliers sans davantage d'informations. Avant d'être jugée sur son intelligence, elle méritait au minimum de vivre quelque temps dans un foyer stable, sans les effets abrutissants d'un sac rempli de médicaments et sans les sévices sexuels infligés au quotidien par le petit ami de sa mère.

Nous nous sommes dit au revoir pour la forme, sans qu'aucune ne sache comment sortir avec distinction.

Je suis montée voir Daisy. La glaise se trouvait sur la table, mais la petite ne s'amusait pas avec. Allongée sur le canapé du coin jeux, enroulée dans un vieux couvre-pieds usé, elle était sur le point de s'endormir, le pouce à la bouche, les paupières lourdes. Je ne voulais pas qu'elle dorme. Cela ressemblait trop à une échappatoire. J'espérais qu'elle me parlerait de la visite et de sa crise. Mais une discussion paraissait bien au-dessus de ses forces. Lentement, j'ai enlevé la couverture et l'ai obligée à se lever. Je l'ai serrée fort contre moi pendant une minute avant de la guider au rez-de-chaussée.

Comme j'avais enfin récupéré ma maison, je me suis préparé une tasse de thé, puis j'ai décidé de confectionner un gâteau avant de m'occuper du déjeuner des filles. Constamment sur mes talons, Daisy a suivi chacun de mes mouvements, si bien que je manquais trébucher dès que je me retournais.

— Daisy ! me suis-je exclamée au troisième faux pas. Je vais te trouver de quoi t'occuper. Tu aimes les puzzles ?

Son visage s'est illuminé ; elle s'est mise à virevolter et à battre des bras.

— Oui j'aime les puzzles. Oui ! D'accord.

Son enthousiasme pour une chose aussi futile m'a fait sourire, et j'étais sur le point d'oublier le comportement qu'elle avait eu une heure auparavant. Elle ressemblait à un chiot délaissé qui avait enfin rencontré une âme charitable. Sa gratitude me touchait et me peinait à la fois.

J'ai trouvé plusieurs boîtes dans le placard à jouets. Comme d'habitude, elles étaient mélangées. J'ai essayé de séparer les plus simples des plus compliquées mais la bataille était perdue d'avance. L'essentiel était de ne perdre aucune pièce. J'en ai donc déposé un tas sur la table de la cuisine.

— Certains ne sont pas très faciles, mon cœur. Tiens, prends celui-ci. Je pense que tu réussiras à le finir.

J'ai choisi un puzzle simple de huit pièces que j'ai posé devant Daisy, car je voulais être sûre que son premier essai serait couronné de succès. Puis je suis retournée à mon évier. Le soleil s'était caché et la neige annoncée commençait à blanchir le sol. Les routes semblaient glissantes. Sans grand enthousiasme, j'ai lavé la vaisselle en pensant que Karen et Jazzy devaient bientôt rentrer de la maternelle. Je priais pour que la neige ne tienne pas. Je détestais savoir mes petites sur nos routes isolées par mauvais temps.

Le matin, les tâches se succédaient sans que je m'en aperçoive. Rapidement, le frigo a été vidé, le linge plié, le gâteau enfourné. J'ai mis la soupe à frémir sur la cuisinière, puis j'ai entendu un petit gémissement derrière moi. Daisy avait remarqué la casserole de soupe et appréhendait d'en manger – le potage étant l'un des nombreux plats qu'elle ne supportait pas d'avaler.

— Tout va bien, mon cœur. Je ne te forcerai pas à en manger.

Je me suis approchée de la table où Daisy jouait et je n'en ai pas cru mes yeux. Les puzzles étaient terminés : les faciles, les plus compliqués, ceux qui donnaient du fil à retordre aux grandes, mais aussi l'arche de Noé de deux cents pièces que seule Priscilla était capable de finir.

— Fais-moi penser d'en acheter des plus difficiles à l'occasion ! ai-je dit à Daisy avec le plus de nonchalance possible.

Daisy m'a adressé son petit sourire, a lentement défait un puzzle de cent pièces, puis s'est mise à les replacer méticuleusement à l'envers. Ensuite, sans la moindre hésitation, elle les a assemblées malgré l'absence d'image pour la guider. Ce qui aurait été un exploit pour n'importe quel autre enfant tenait du miracle chez notre étrange Daisy. Une fois le puzzle achevé, nous nous sommes assises et avons échangé un long sourire, tels deux enfants partageant un secret.

De tels moments survenaient rarement dans ma vie. Mère de famille nombreuse, j'avais peu de temps à consacrer à chacun en particulier, alors qu'ils avaient tous besoin de tête-à-tête à l'occasion. Karen et Jazzy n'allaient pas tarder à franchir la porte, couvertes de neige et affamées. Je souhaitais rester auprès de Daisy encore quelques minutes, puis trouver un moment pour appeler son assistante sociale et lui parler de ses prétendues limites intellectuelles. Mais Jazzy venait d'entrer en courant et voulait un baiser sur son genou endolori pendant que Karen me racontait à quel point l'un de ses camarades avait été dégoûtant dans le bus. J'ai donc servi la soupe et écouté leurs histoires. Mon temps avec Daisy était écoulé. Après le déjeuner, j'ai débarrassé la table, posé les assiettes dans l'évier et épongé un peu de lait renversé. J'ai laissé le puzzle à l'envers sur la table, comme preuve qu'il s'agissait bien là de l'œuvre de Daisy.

La fillette que nous attendions est arrivée en fin d'après-midi. Robin, jeune et fluette avec le teint pâle, et sa sœur avaient été retirées de leur famille d'accueil car on soupçonnait des sévices. Je ne connaissais ni la famille ni les détails, mais l'enfant était propre et bien habillée. Plus important, l'abandon de sa famille et l'absence de sa sœur l'avaient désemparée.

— Je ne comprends pas pourquoi ils nous ont enlevées, gémissait-elle sans arrêt. J'étais heureuse là-bas. Maman Corinne nous aime. Je veux rentrer à la maison.

J'en étais malade pour elle. Quelle épreuve à traverser le jour de son anniversaire !

Je n'avais pas le temps de courir les magasins à la recherche de cadeaux mais, par chance, je gardais toujours des présents passe-partout dans mon placard afin de parer à ce genre d'urgence – des toupies, des livres à colorier, du matériel pour artistes en herbe… J'ai préféré cependant appeler Bruce. Celui-ci a accepté de s'arrêter au centre commercial après le travail pour acheter un cadeau qui éclairerait un peu cette journée horrible. À son retour,

Angie m'a proposé de décorer le gâteau. Elle avait un don pour ce genre de choses et, comme elle avait de la peine pour Robin, elle s'est surpassée. Elle a créé de merveilleuses fleurs roses sur fond violet et a inscrit le nom de Robin en blanc.

Nous avons gardé le secret jusqu'à la fin du dîner. Les fillettes ont accompagné Robin au premier pendant que Neddy et moi disposions des assiettes et des gobelets Barbie sur la table. Ben a allumé les bougies et installé avec soin la pile de présents superbement emballés que Bruce avait rapportés à la maison. Angie est allée chercher Robin, que nous avons accueillie dans la cuisine en chantant « joyeux anniversaire ». Robin est demeurée sans voix.

Elle a soufflé les bougies et attaqué les cadeaux. Elle a poussé des petits cris quand elle a découvert une Barbie, des jeux et un kit de perles. Nous avions déjà bien entamé le gâteau et la glace, lorsque Robin a fini par demander :

— Vous accueillez toujours les enfants comme ça ?

— Uniquement celles dont le huitième anniversaire tombe le jour de leur arrivée, a répondu Bruce.

— Euh... ce n'est pas le mien, marmonna Robin, l'air chagriné.

— Ah bon ? suis-je intervenue.

— C'est celui de ma sœur. Elle a onze ans. Nous devions lui organiser une fête, mais on nous a emmenées.

Robin n'a rien dit pendant quelques secondes.

— Je dois vous rendre mes cadeaux ?

Bien entendu, nous les lui avons laissés. Ce soir-là, Bruce et moi avons bien ri en y repensant, même si nous songions aussi à la sœur de Robin, qui avait dû passer un triste anniversaire.

4

Chaque fillette que je recueille présente des besoins spécifiques. Déjà, elle est amenée à vivre dans une maison inconnue, où elle doit s'adapter et trouver ses repères. Ajoutez à cela les différents problèmes physiques, émotionnels, sociaux, sans compter ceux liés à son éducation, et vous obtiendrez une masse de travail importante. Je serais vite débordée si je ne tentais pas d'établir des priorités dans mon emploi du temps. Parfois, cela signifie que les enfants les plus compétents, c'est-à-dire les moins bruyants et les moins perturbés, doivent se débrouiller seuls. J'aimerais qu'il en soit autrement. Ceux qui se lancent dans le social sont des réparateurs et des guérisseurs par nature. Même Wonderwoman ne peut pas tout faire. J'avoue que, la plupart du temps, mon héroïne se nommerait plutôt

« Médiocre Woman », championne du « ça, au moins, c'est fait ».

La liste des problèmes de Daisy était si longue que je ne savais trop par où commencer. D'abord, il y avait ses phobies. Daisy avait peur de tout : orages, insectes, eau, obscurité, chiens... Un rien la mettait dans tous ses états. Côté instruction, elle était épouvantable dans certains domaines, et presque douée dans d'autres matières. Une opération des oreilles avait été programmée avant notre rencontre et nous avons aussi dû gérer sa crainte des médecins. Très vite, les tubes placés dans ses oreilles ont amélioré son élocution de manière remarquable. Autre avantage : le fluide vert qui coulait de son nez a fini par sécher. Je voulais que Daisy consulte un médecin qui me renseigne sur sa manie de battre des bras et de tourner sur elle-même, un comportement quasiment autiste, bien qu'à l'évidence elle soit trop sociable pour l'être. Elle avait aussi besoin de voir un dentiste mais, vu son attitude avec l'ORL, j'ai préféré reporter cette entrevue. Au moins, Daisy voyait une excellente thérapeute. Toni Tonelli travaillait à la Clinique des Enfants avec Andrew Donovan. Cette femme me donnait des conseils sur la manière de gérer les comportements les plus dérangeants de Daisy. Plus important, elle était toujours disponible pour me parler. Ce ne sont pas tous les thérapeutes qui comprennent le quotidien des familles d'accueil. Ils ne voient l'enfant qu'une heure par semaine alors que, le reste du temps, je suis sur le pont. Si je ne suis pas guidée et soutenue, c'est l'enfant qui souffre.

L'anorexie de Daisy affectait tellement ses journées que j'ai décidé de m'attaquer d'emblée à ce problème. J'avais rarement rencontré ce cas de figure. En général, les enfants qu'on me confiait avaient été privés de nourriture. Ils avaient tendance à manger tout ce que je leur présentais. Au petit-déjeuner, Daisy ne réclamait pas de céréales particulières, ne chipotait pas, mais avait littéralement des nausées à l'idée de consommer de la nourriture. Je me suis demandée si cela ne cachait pas des problèmes d'intégration sensorielle. Les étiquettes des vêtements la gênaient, les coutures de ses chaussettes aussi. Elle souffrait d'un manque d'organisation chronique et ne trouvait jamais son sac ou ses baskets. J'ai donc commencé la lecture d'un ouvrage sur ce genre de difficultés chez l'enfant.

Plusieurs fois par jour, je m'asseyais à côté de Daisy à table. Je lui apportais un aliment neutre, comme du jus de pomme ou un yaourt à la vanille. Nous commencions par une goutte sur sa langue et j'augmentais peu à peu la quantité jusqu'à ce qu'elle avale l'équivalent d'une cuillère à café sans régurgiter. En même temps, je lui frottais le bras ou lui caressais le dos. J'espérais associer les sensations agréables avec l'expérience de se nourrir. Daisy se soumettait assez bien à ce régime. Du moins, elle ne le refusait pas, même si, Dieu m'est témoin, elle rechignait comme si je lui avais proposé un cafard à la place d'une cuillère de purée. Nous ne travaillions jamais lors des vrais repas. Je souhaitais lui ôter l'angoisse de l'heure du dîner. La nourriture était servie, qu'elle en mange ou non. Ses progrès ont été lents, mais perceptibles. Elle a accepté les fruits assez vite, puis le riz et a ajouté de temps en temps des légumes à son menu. Au fur et à mesure que la variété d'aliments augmentait, ainsi que le volume consommé, Daisy a commencé à prendre quelques grammes. Cinq cents le premier mois, puis le suivant... Quand un adulte prend deux ou trois kilos, on ne le remarque pas, mais chez une enfant de dix-huit kilos, cela se voit !

Chose surprenante : alors qu'elle était très fière de ses nouvelles capacités, elle ne les affichait pas quand elle retournait chez elle. Puisqu'il s'agissait d'un placement volontaire, Sandra voyait Daisy lorsqu'elle le désirait. Mme Hodges et moi faisions office de taxi. Résultat : Daisy passait au moins quelques heures le samedi en compagnie de sa mère et, à chaque visite, elle se montrait particulièrement agressive.

Un samedi soir, alors qu'elle venait de me ramener Daisy, Mme Hodges m'a confié que la fillette avait donné des coups de pied à sa mère et jeté une boîte entière de céréales dans la cheminée. J'avoue que j'ai eu du mal à la croire.

— Sandra ne sait pas discipliner cette enfant, a-t-elle grondé. Quoi de plus normal, ma fille ne se comporte pas en adulte ! Avec ses histoires de karma et de lecture dans la paume des mains.

Mme Hodges serrait très fort la lanière de son sac à main et sa voix tremblait.

— Si vous aviez vu la scène ! Daisy était hors de contrôle... Sandra aussi. Je lui ai parlé d'envoyer la petite au catéchisme et elle n'a pas voulu en discuter !

Je comprends Sandra.

Pourtant, à la maison, Daisy effectuait de réels progrès et j'étais contente d'elle. J'avais grand besoin de ces améliorations parce que le reste de la famille me causait également quelques soucis.

Jazzy m'exténuait davantage à chacun de ses hurlements. Tous les bénéfices engrangés à la fin de l'automne et au début de l'hiver s'étaient envolés. Fin février, j'ai commencé à me dire qu'ils n'avaient existé que dans mon imagination. Je n'étais pas la seule à l'avoir remarqué. Notre famille, ses professeurs et son thérapeute, Andrew, ont vu à quel point elle semblait plus fragile. Elle se mettait en colère plus rapidement et il était plus difficile de la calmer.

Comme tous mes enfants, Jazzy avait besoin d'une mère ayant beaucoup de temps à lui consacrer. Il y avait tellement d'années perdues à rattraper. Et j'étais souvent demandée, toujours très occupée, et rarement sûre de bien faire. Par conséquent, je tentais par tous les moyens de désamorcer les crises et cédais aux exigences de plus en plus déraisonnables de Jazzy afin d'éviter une confrontation.

Bien entendu, Jazzy s'en était rendu compte avant moi. Comme tout enfant, elle a fait bon usage de ce pouvoir. Mais, début mars, lors d'une visite au service d'adoption, j'ai enfin compris que les choses devaient changer. Pour mon bien et celui de Jazzy.

J'ai eu une chance incroyable, d'abord avec l'assistante sociale de Daisy, puis avec sa conseillère. Lauren Hightower avait beaucoup d'expérience. J'ai su qu'elle connaissait son métier quand elle a consacré plusieurs semaines à Jazzy avant de lui chercher une famille appropriée. Elle a d'abord passé du temps avec Jazzy chez nous avant de partir se promener seule avec elle, à pied ou en voiture, pour mieux cerner sa personnalité. J'ai ainsi pris l'habitude que Lauren vienne à la maison plusieurs fois par mois.

Mais l'une de ses visites a été différente. Jazzy se trouvait alors à l'école. Facile de deviner ce qu'il allait suivre. On aurait pu croire que trouver une famille qui veuille adopter un enfant colérique soit difficile, mais cela n'a pas été le cas. En vérité, tous les enfants qui bifurquent sur le chemin de l'adoption ont des besoins spéciaux. Ceux que je connais ont des frères et des sœurs, des problèmes médicaux, des difficultés à l'école. Ils ont subi des pertes, des traumatismes, des abus qui laissent des cicatrices. Et le plus embêtant pour les familles adoptives, c'est que ces enfants sont en attente de jugement avant d'avoir le droit d'être adoptés. Et le délibéré demeure incertain. Un juge peut très bien estimer que les preuves pour déchoir des droits parentaux ne sont pas suffisantes et décider de renvoyer l'enfant chez lui.

À trois ans, Jazzy était éveillée, en bonne santé et jolie. Ses parents n'avaient accepté aucune aide juridique et s'étaient rendus au tribunal dans un tel état d'ébriété qu'ils avaient été arrêtés sur-le-champ. Comme le père venait d'être accusé de voie de fait, il n'y avait pas de risque que le juge lui remette Jazzy. Étant donné les problèmes de nos gamins, quelques accès de colère n'avaient pas de quoi faire peur.

Lauren est venue par une de ces journées printanières où les bonnes nouvelles semblaient possibles. Belle et avenante, le visage encadré de boucles, elle souriait tout le temps, mis à part ce jour-là. Nous avons papoté quelques minutes avant qu'elle n'en vienne à la raison de sa visite.

— Bien, je commence par la bonne ou la mauvaise nouvelle ?

— La mauvaise. Comme cela, je serai pressée d'entendre la bonne.

— OK. Voici la mauvaise nouvelle. Jazzy va partir.

Même si je le savais, cela n'a pas été facile à entendre. Souvent, quand Jazzy me rendait folle, je me demandais si je tiendrais un jour de plus. Son état s'aggravait, elle était de plus en plus dure et exigeante, mais je l'avais serrée dans mes bras quand elle pleurait, écoutée quand elle disait avoir été enfermée à clé dans un placard et jetée contre les murs. Elle m'avait fait confiance alors qu'elle n'avait aucune raison de s'en remettre à qui que ce soit. Ses hurlements étaient le témoignage de cette confiance. Je l'avais choyée à chaque otite, à chaque absence de ses parents les jours de visites. Je l'avais aidée à faire son premier bonhomme de neige. Je l'avais déguisée en ange pour le spectacle de Noël et photographiée. Bien entendu, je savais que je ne vivrais pas toujours avec elle. À présent, je devais imaginer ma vie sans elle.

J'ai bu une gorgée de café froid avant de demander :

— Et la bonne nouvelle ?

— C'est que j'ai une famille pour Jazzy. Tu veux que je te parle d'eux ?

— Puisqu'il le faut.

— Ils sont parfaits. La trentaine, sans enfants. Maman est dans l'informatique et travaille à la maison. Papa a son entreprise de jardins. Ils ont une belle maison dans un quartier super où vivent des tonnes de gamins. Ce sont deux sportifs qui adorent skier, nager, courir des marathons. Ils ne veulent qu'un seul enfant et préfèrent une fille. Je les apprécie beaucoup et, à mon avis, tu les aimeras aussi.

— Que pensent-ils de ses accès de colère ?

— Tu sais, ils semblent comprendre. Ses crises n'ont rien de personnel. Ils les considèrent comme une phase qu'elle doit traverser avant d'être prête à guérir et continuer sa vie. J'aime aussi leur attitude vis-à-vis des parents biologiques. Ils sont en colère bien sûr. Tout le monde le serait en entendant l'histoire de Jazzy. Ils se disent que ses parents ont peut-être eu la même enfance qu'elle et ils sont simplement contents de pouvoir lui donner une vie différente.

Lauren parlait d'une voix douce, presque hypnotique, si bien qu'il m'arrivait de décrocher et de penser : « Ma Jazzy a une famille. Elle part. Je ne suis qu'une maman temporaire. Pas une vraie. Une maman de passage. Une maman illusoire. » Pas étonnant que les enfants détestaient vivre en famille d'accueil.

Lauren est restée jusqu'à ce que Jazzy et Karen rentrent de l'école. Je pense qu'elle avait calculé les choses de manière à ce que j'aie le temps de me reprendre. Lauren ne parla pas à Jazzy de sa nouvelle famille. Comme elle était trop jeune, elle avait décidé d'organiser une rencontre et de lui présenter les Hamilton comme si de rien n'était.

Cette idée me dérangeait, même s'il s'agissait d'une pratique courante. J'ai toujours l'impression que les parents viennent en inspection. Si la petite déplaît, ils peuvent se rétracter sans que l'enfant n'en sache rien. Cela s'est déjà produit. On ne choisit pas le bébé qui sort de son ventre et j'ignore quel contrôle on peut avoir sur une adoption, parce que, la plupart du temps, ce contrôle n'est qu'une illusion. Voici mon inquiétude : une famille décide d'adopter un garçonnet qui a l'air parfait. Il est brillant, beau et a un grand sens de l'humour. Que se passe-t-il s'il tombe malade, a un accident ou un problème génétique qui se déclare au bout de quelques années, s'il devient laid et stupide ? Cela donne-t-il le droit à la famille de dire : « Eh, je n'ai pas signé pour ça ! » Moi, je vois les choses ainsi : quand un enfant est à vous, il est à vous, qu'il soit surdoué ou délinquant… Vous l'applaudirez quand il marquera un but, le récompenserez pour une journée passée sans que le directeur de l'école ait appelé… Vous serez là pour votre bout de chou, peu importent les circonstances. Vous serez un parent comme les autres.

Karen et Jazzy avaient fait une bataille de boules de neige entre l'arrêt de bus et la maison, si bien qu'elles étaient mortes de rire en arrivant. Quand j'ai aperçu le duo, une grosse boule de tristesse s'est coincée dans ma gorge. Jazzy allait manquer à tout le monde. Bruce et moi aurions de la peine, comme à chaque fois qu'un enfant que nous avons appris à aimer partait. Cependant, notre chagrin serait tempéré par la joie de voir naître une nouvelle famille. Priscilla et Crystal absorberaient cette perte dans le grand gouffre de leurs propres pertes et intérioriseraient leur chagrin. Pour Karen, ce serait très différent. Quand on a quatre ans, dix-huit mois représente une grande partie de sa vie. Ce laps de temps transforme des camarades de chambre en sœurs.

Chaque fois que Karen roulait des yeux, se tortillait le nez ou se raclait la gorge – ce qui arrivait presque tout le temps maintenant –, je pensais à sa vie quand nous l'avions adoptée. Elle ne l'avait pas choisie. Elle n'avait pas demandé que des enfants en perdition surgissent au milieu de la nuit. Contre toute attente, elle avait appris à les aimer et à attendre leur présence. Plus important, elle s'attendait à ce qu'on les aime et les protège, parce que c'est le rôle des parents. Puis ils disparaissaient. Nous faisions de notre mieux pour lui expliquer pourquoi. Nous tâchions d'utiliser les bons mots afin de normaliser une expérience profondément anormale. Mais les mots sont souvent des imposteurs. Ils nous aident à nous sentir mieux et je craignais que notre angoisse soit la raison pour laquelle Karen éprouvait ce besoin obsessionnel d'aligner ses chaussures et de se laver les mains vingt fois par jour.

Lauren a passé quelques minutes avec Jazzy avant de rassembler ses affaires pour partir.

— Ça va ? a-t-elle murmuré.

— Oui. Nous savions que cela arriverait un jour. J'allais justement te poser la même question. Tu as l'air un peu préoccupée.

— Tu sais... Certains jours, je déteste ce boulot.

— Cela ne te ressemble pas. Je ne voudrais pas me montrer indiscrète, mais il y a quelque chose dont tu aimerais me parler ?

— Je me sens tellement frustrée. Il y a dix mois, j'ai placé un petit garçon dans une famille. Les choses se sont plutôt bien passées, puis cela a été la dégringolade. Nous avons rendez-vous le mois prochain pour finaliser l'adoption et la famille souhaite se rétracter.

— Le gamin est si difficile ?

— Tout bien considéré, il ne se débrouille pas mal. Le coucher est un défi de taille. Il stocke encore de la nourriture, ce qui les inquiète. Il a rencontré quelques problèmes à l'école. Le père est enseignant, je crois que cela le gêne. Leur aîné en bave. Les deux garçons se battent sans arrêt et, bien sûr, la faute retombe sur le petit. Mais tu sais de quoi ils se plaignent le plus ? Il refuse de les appeler papa et maman. Qu'est-ce que je dois faire ? Essayer de les convaincre, parce qu'aucune famille ne veut un garçon de onze ans ? Ou dois-je accepter de le renvoyer à l'orphelinat ? Et comment vais-je réussir à persuader ce gamin d'essayer une nouvelle famille, à supposer que j'en trouve une ? Il a déjà connu une demi-douzaine de maisons et toutes l'ont lâché. Et maintenant celle-ci ! C'est à moi de lui annoncer que ces gens ont changé d'avis. Ça me rend malade.

— Tu te demandes parfois si tu rends service à ces gamins quand tu les enlèves de leur famille biologique alors que nous avons si peu à leur offrir.

— Non. La première fois que j'ai vu cet enfant, il avait deux ans et les fesses brûlées à la cigarette. Il est retourné chez lui l'année suivante et, à cinq ans, il est revenu avec un bras cassé. Puis il est parti chez une tante, et on a découvert qu'elle l'enfermait dans sa voiture pendant qu'elle faisait la tournée des bars. Qu'est-ce que les services sociaux sont censés faire ? Attendre qu'il meure ?

— La réponse est de les confier à l'adoption tant qu'ils sont jeunes et émotionnellement intacts.

— Mais tu cours le risque de détruire des familles qui seraient sauvées si on leur accordait plus de temps et de services. Placer des enfants tôt ne garantit pas non plus de gros problèmes par la suite. Beaucoup espèrent éprouver une gratitude et un attachement instantanés. Ce ne sera pas le cas pour quatre-vingt-dix pour cent de nos enfants. Ils ont déjà un passé bien chargé dont ils ne se débarrasseront pas en une nuit. Quand tu y réfléchis bien, a remarqué Lauren avec un sourire amer, les services sociaux jouent aux dés avec ces enfants.

Cette conversation m'a obnubilée les jours suivants. Je devais préparer Jazzy à l'idée de partir dans cette famille. À chaque fois qu'elle hurlait pour un détail, je me demandais comment l'aider. Je savais que Jazzy ne supporterait pas une adoption ratée et que l'écouter crier une heure durant parce qu'on n'avait pas acheté le bon shampooing n'avait rien d'une partie de plaisir.

La rencontre avec les Hamilton était prévue le samedi suivant. Quand les gens parlent de travailleurs sociaux indifférents, je pense à Lauren, qui prend sur ses congés pour le bien de ses protégés.

Comme Angie et Neddy se trouvaient à la maison, je les ai chargés de préparer Jazzy. Mes deux grandes filles adorent se coiffer et s'habiller, contrairement à moi ! Elles ont gardé Jazzy une heure dans la salle de bains et je dois dire que le résultat était spectaculaire. Jazzy était si difficile à satisfaire et à peigner qu'en général je lui faisais une queue-de-cheval et la laissais choisir ses vêtements. Cela évitait une crise matinale. C'était tout ce qui m'importait quinze minutes avant l'arrivée du bus.

Avec les adolescentes, Jazzy a été la coopération incarnée. Elle a surgi dans la cuisine en s'écriant :

— Regarde, mama ! Dis, je suis la plus belle ?

Le « mama » m'a fait de la peine, mais je dois admettre qu'elle était vraiment la plus belle.

Les filles lui avaient fait deux nattes africaines qu'elles avaient attachées avec un nœud violet. Toute vêtue de mauve, Jazzy portait une robe longue, un gilet et des collants. Elle ressemblait à une petite Annie Hall café au lait.

Quand la voiture de Lauren s'est garée dans l'allée, mon estomac bouillonnait déjà. Lauren et Jazzy se rendaient à la bibliothèque où était organisée une lecture. Les Hamilton seraient présents parmi les autres parents et auraient là un premier aperçu de leur future fille. L'heure de lecture serait suivie d'un goûter avec jus d'orange et cookies. Lauren présenterait Al et Barbara Hamilton comme des amis à elle.

Il n'a pas été difficile de prévoir la réaction des filles quand elles ont appris que Jazzy passait un après-midi en compagnie de Lauren. Karen s'est montrée nonchalante ; à cette période, elle refusait de s'éloigner de moi. Bien que Crystal fût du genre stoïque, sa lèvre inférieure a tremblé quand elle m'a vu prendre le manteau de Jazzy. De toute évidence, sa mère, qui avait déjà une heure de retard pour sa visite du samedi, ne viendrait pas. Même si Crystal ne se plaignait jamais de sa maman et lui inventait des excuses, je savais combien elle était blessée par son manque flagrant d'intérêt. Quant à Priscilla, elle rageait.

— Ce n'est pas juste ! Si Jazzy va quelque part, tu dois organiser quelque chose de spécial pour nous.

— Faut être contente pour elle. Jazzy est notre amie, a dit Daisy.

Ses mots d'enfant ne l'étaient peut-être pas, mais le message, lui, était très clair.

— Oui, mon cœur, tu as raison. Nous devrions nous réjouir pour elle.

J'ai pris le petit visage de Daisy entre mes mains.

— On t'a déjà dit que tu étais une petite fille très gentille ?

Daisy m'a souri.

— Non, moi salope.

Peut-être que ce mot a déclenché quelque chose chez Jazzy. Peut-être avait-elle perçu le sens caché de cette sortie ? Peut-être s'était-elle retenue aussi longtemps qu'elle le pouvait ? À moins que Jazzy ne soit juste

Jazzy. Qui sait ? Mais elle s'est ratatinée quand Lauren a frappé à la porte. Elle a plissé les yeux lorsqu'elle a vu son manteau dans ma main.

— Pas manteau.

— Allez, Jazz, Lauren est arrivée. Si tu veux aller à la bibliothèque, tu dois mettre un manteau.

— Pas manteau.

Sa voix s'est teintée de cette frénésie familière, le volume s'est élevé.

— On est parties, trésor.

Lauren était entrée et tentait de dissiper la tension latente. Elle a pris Jazzy par le bras et essayé de lui enfiler une manche pendant qu'elle parlait.

— Non ! Non ! Non ! Pas manteau.

À présent, Jazzy hurlait à pleins poumons. Elle a retiré son bras et s'est effondrée sur le sol.

— Pas chaussures stupides et moches.

Stupide et moche étaient les qualificatifs préférés de Jazzy pour décrire ce qu'elle n'aimait pas. Moi par exemple.

— Non, non ! Pas chaussures ! Pas manteau !

— Tu dois mettre des chaussures, Jazz. Il fait cinq degrés dehors. Tes pieds vont geler.

Lauren tentait de raisonner une enfant qui n'en avait absolument pas envie.

J'avais réfléchi à ses crises toute la semaine et j'ai eu une idée. Même si j'aurais aimé ne pas avoir un travailleur social comme public, j'ai tenté le coup.

— OK, Jazz. Tu n'es pas obligée de mettre ton manteau et tes chaussures.

Je me suis assise à côté d'elle et, d'un geste assez brusque, je lui ai enlevé ses chaussures.

— Allez, minette. Il est l'heure de partir.

Lauren a dû penser que j'avais perdu la raison.

— Euh, Kathy ? Il fait vraiment froid dehors... Tu es sûre de... ?

— Jazzy est résistante, n'est-ce pas Jazzy ? Elle s'en moque d'avoir les pieds gelés. Amusez-vous bien !

Bouche bée, Jazzy m'a regardée. Elle s'est levée lentement, s'est approchée de la porte tout en jetant des regards par-dessus son épaule pour s'assurer que je la laissais bien sortir sans manteau ni chaussures

— Une minute, tête de linotte ! Tu ne peux pas sortir en collant.

Jazzy a paru soulagée, jusqu'à ce que je me baisse, lui enlève son collant et le fourre dans ma poche.

— Il ne faudrait pas le salir !

La pauvre Jazzy ne savait plus quoi penser. Je refusais en effet d'entrer dans le conflit qu'elle recherchait.

À contrecœur, Lauren a pris la main de Jazzy.

— À plus tard, alors.

— Amusez-vous bien !

— Maman ! Tu laisses Jazzy sortir pieds nus ? s'est écriée Karen une fois la porte fermée.

— On dirait bien que oui !

Je faisais moins la maligne maintenant que Jazzy était sortie. Apparemment, j'avais envoyé une fillette de quatre ans à la rencontre de ses nouveaux parents, sans manteau ni collant par des températures glaciales.

— Ce n'est pas juste, a pleurniché Priscilla. Moi je suis toujours obligée de mettre mes chaussures. Pourquoi c'est différent pour Jazzy ?

Daisy se balançait d'avant en arrière et ravalait ses sanglots.

— Ses pieds vont tomber ? Elle va mourir ?

Crystal a roulé des yeux.

— On ne meurt pas parce qu'on a les pieds glacés. Et puis Kathy n'imaginait pas que cela se passerait ainsi. Pas vrai, Kathy ?

À cet instant, je n'étais plus sûre de penser quoi que ce soit. Je me disais juste qu'il me fallait régler les crises de Jazzy. Malheureusement, je n'avais pas réfléchi à une solution de rechange si elle entrait dans mon jeu.

Quand on a frappé doucement à la porte, j'ai poussé un gros soupir de soulagement et essayé de prendre un air détaché en ouvrant.

— Vous avez fait vite !

Lauren a guidé Jazzy à l'intérieur.

— Je crois que Jazz a quelque chose à te dire.

Ses gros yeux remplis de larmes, elle a levé la tête vers moi.

— Oui, Jazzy ?

— Froid aux pieds, a-t-elle lâché entre deux sanglots angoissés.

Il aurait fallu un cœur bien plus dur que le mien pour la faire souffrir plus longtemps.

— Je m'en doute !

Je l'ai serrée fort dans mes bras.

— Laisse-moi les réchauffer avant de remettre ton collant et tes chaussures.

J'ai frotté ses petits pieds rouges dans mes mains et soufflé jusqu'à ce qu'elle arrête de pleurer et me laisse l'habiller. Je n'ai pas mentionné son manteau. Je me suis contentée de le tenir et elle l'a enfilé sans un mot. Correctement habillée, elle est partie en silence, sans se retourner. Je suppose qu'elle était gênée d'avoir perdue la face devant Lauren et les filles.

Mon après-midi s'est déroulé dans un calme auquel je n'étais pas habituée. Non seulement Jazzy était absente, mais Patricia est finalement venue récupérer Crystal avec deux heures de retard et un stock entier d'excuses – clefs égarées, circulation difficile. J'ai été tentée de lui jeter à la figure qu'il était trop tard pour sortir, mais j'aurais surtout puni Crystal.

— Tu dois la ramener à six heures, Patricia. Il y a la messe demain matin, et Crystal doit se lever tôt pour aider à préparer le catéchisme.

— Cela ne nous laisse pas beaucoup de temps, s'est plainte Patricia, qui m'a alors fait penser à Priscilla.

— Je sais. La prochaine fois, arrange-toi pour être à l'heure !

J'étais franchement ennuyée de voir Crystal partir. Pourquoi ? À cause de son manteau. À la fin de l'automne, j'avais commandé aux filles des vêtements chauds à une entreprise de vente par correspondance. Leur prix était élevé, mais la qualité excellente. Nous vivons sous un climat froid et mes filles passent beaucoup de temps à l'extérieur. Quand il gèle, Bruce arrose un bout de terrain pour que les filles puissent patiner. Les jours de neige, il se sert du chasse-neige pour bâtir une immense montagne conique. Comme les filles restent des heures dehors, elles ont besoin de tenues adaptées et cela ne me dérange pas de dépenser de l'argent pour des choses aussi utiles.

Cette année-là, j'avais acheté un magnifique blouson de ski violet et turquoise à Crystal. Elle l'adorait et ressemblait à une princesse. Puis, juste après Noël, Patricia lui a offert un nouveau manteau, argenté et noir, un modèle pour garçon de toute évidence. Crystal ne voulait pas admettre qu'elle détestait ce blouson, et se trouvait face à un beau dilemme. Pendant plusieurs jours, elle a mis son manteau et s'est rendue à l'école d'un pas triste. Je ne pouvais pas lui demander de porter l'autre. Après tout, n'était-ce pas un cadeau de sa mère ? Crystal a résolu le problème toute seule en le mettant au linge sale un matin. L'abcès était percé et elle ne remettait le manteau argenté qu'en présence de sa mère. Comparé aux problèmes que je rencontrais avec Patricia, le manteau n'était qu'un détail, mais il avait son importance aux yeux de Crystal et me contrariait plus que nécessaire.

Crystal reviendrait probablement les bras chargés de sacs. Comme à chacune de ses visites, sa mère lui aurait acheté des hauts moulants, des chaussures à talons, des mini-jupes vraiment courtes pour une ado, alors pour une fillette ! Contrairement au manteau qui était simplement laid, ces habits ne convenaient pas à son âge et elle ne pouvait pas les porter. Enfin, si Patricia souhaitait gaspiller son argent, c'était son problème...

Bruce travaillait et mes ados s'étaient rendues à un match de basket. Daisy, Priscilla et Karen jouaient à la pâte à modeler pendant que je changeais les draps du haut et rangeais un peu. Mon esprit bondissait d'une pensée à l'autre, d'un enfant à l'autre, tandis que je redressais les meubles de la maison de poupée, récupérais une chaussette sous le lit de Priscilla et l'ajoutais à la pile de draps sales. Après avoir fait le lit de Jazzy, puis celui de Crystal, je bordais les couvertures sous le matelas de Daisy quand mes doigts ont heurté un objet caché entre le matelas et le sommier. J'ai légèrement soulevé le matelas et découvert un carnet. Il m'appartenait. J'avais l'habitude de noter tout et n'importe quoi dans des journaux intimes que je dissimulais dans toute la maison. C'était un système terrible puisqu'il me fallait livrer une chasse au trésor interminable dès que j'en voulais un en particulier. L'autre jour, je m'étais rendu compte que celui-ci manquait mais j'avais remis sa recherche à plus tard. Je n'imaginais pas ce que Daisy voulait faire d'un de mes carnets. Il y avait toujours des stocks de papier dans le placard à fournitures artistiques et les filles se servaient à volonté.

Un petit sentiment de culpabilité m'a assailli quand j'ai ouvert le journal qu'elle s'était approprié. De toute évidence, les enfants ont droit à leur jardin privé. Néanmoins, vu le peu d'informations que je possédais sur Daisy, je n'ai pas pu m'empêcher d'y jeter un d'œil.

Les premières pages étaient blanches. Puis il y avait les dessins typiques d'enfants représentant des maisons et des arcs-en-ciel. Les pages suivantes, en revanche, n'avaient rien de typique. Des images crues dessinées au crayon noir montraient un homme très mince doté d'une grosse protubérance, qui ne pouvait être qu'un pénis en érection. N'importe qui l'aurait interprété ainsi. La silhouette était grande et tenait une bonne moitié de la page. Il y en avait une autre, bien plus petite, dans le coin inférieur gauche, et une troisième qui flottait en haut.

Tous mes doutes sur les abus sexuels qu'avait pu subir Daisy se sont envolés à cet instant. Ce n'était pas le genre de dessin qu'esquissait un enfant sans la moindre expérience. Une seule question demeurait : que faire de cette information ? Je devais la communiquer à Évelyne mais aussi à la thérapeute de Daisy. Comme cela ne se produirait pas avant le lundi suivant, il me restait à affronter Daisy. Si elle avait voulu se confier à moi, elle n'aurait pas dessiné dans ce journal et ne l'aurait pas caché aussi bien. Cela signifiait qu'elle n'était pas prête à parler de son traumatisme. Ou bien qu'elle ignorait comment le faire ? Il fallait que je lui donne l'occasion de me parler et qu'il soit clair pour elle que, peu importait sa confession, je ne la jugerais pas ni ne la tiendrais pour responsable. J'ai estimé qu'il me restait environ une demi-heure avant le retour de Jazzy. Comme je voulais m'entretenir avec Daisy dans une paix relative, je lui ai demandé de monter.

— Minette ! Tu viens t'asseoir à côté de moi une minute ? Il faut que je te parle.

— Tu es en colère ?

Je la comprenais de mieux en mieux, même si elle oubliait de prononcer certaines consonnes.

— Non, Daisy. Je suis seulement inquiète. Je faisais ton lit quand j'ai trouvé tes dessins. Eh, pas de panique !

Daisy se mâchonnait déjà la lèvre inférieure et commençait à se balancer d'avant en arrière.

— Je ne suis pas en colère après toi. Tu sais, parfois, les enfants préfèrent dessiner des choses que les dire. Tu es comme eux ? Tu dessines des choses que tu aimerais confier à quelqu'un ?

Daisy a hoché la tête de manière quasiment imperceptible.

— Tu veux me parler de celui-ci ?

Pendant une longue minute, elle s'est terrée dans le silence, puis a baissé la tête et sangloté dans ses mains. C'était un geste tellement adulte pour une si petite enfant que cela m'a brisé le cœur. Je l'ai laissée pleurer plusieurs minutes tout en la serrant dans mes bras et en frottant son dos osseux.

Elle a marmonné quelques mots sous mon aisselle :

— J'ai fait des saletés.

— Avec qui ?

Laissons les juges poser les questions techniques. Moi, je m'inquiétais pour Daisy.

— Avec Frank.

— Qui est Frank ?

— Il vivait avec nous mais plus maintenant.

— Frank était le petit ami de maman ?

Nouveau signe de tête. Je lui ai soulevé le menton pour la regarder droit dans les yeux.

— Daisy, il faut que tu m'écoutes. C'est important. Quand un adulte fait des choses comme ça à un enfant, ce n'est jamais la faute de l'enfant. L'adulte te dira qu'il ne faut en parler à personne mais, toi, tu n'as rien fait de mal. Maintenant je dois te poser des questions difficiles qui m'aideront pour la suite. Qu'est-ce que Frank t'a obligée à faire ?

Daisy a vaguement désigné sa bouche.

— Il t'a obligé à le toucher avec ta bouche ?

Signe de tête.

— Et lui, il t'a touchée ?

Daisy a cligné des yeux et déglutit avant de faire oui de la tête.

— Tu peux me montrer où ?

Elle a désigné son entrejambe.

J'ai détesté poser toutes ces questions à Daisy. J'avais l'impression de la violer à nouveau mais il me fallait ces informations pour appeler les services sociaux et faire un rapport.

— Tu peux me dire avec quoi il t'a touchée, mon trésor ? Avec une partie de son corps ?

— La saleté. Il m'a touchée avec sa saleté.

— J'ai encore une question à te poser, Daisy, et on en aura terminé. Où était ta maman quand Frank te faisait ça ?

Son regard s'est perdu dans le néant. Elle a recommencé à se balancer d'avant en arrière. Ses yeux étaient si tristes et vides qu'on lui aurait donné cent ans au lieu de six.

— J'appelle maman, a-t-elle chuchoté. J'appelle et appelle mais elle ne vient jamais.

Daisy et moi nous sommes balancées ensemble. Pendant combien de temps ? Je ne saurais le dire. Nous n'avons pas parlé. Nous étions juste dans les bras l'une de l'autre.

Je suis une personne pragmatique et Dieu sait si j'ai vu des choses horribles dans ma vie. Mais quand il s'agit d'abus sexuels sur un enfant, rien ne me choque davantage. Je ne peux pas vaquer à mes occupations sans y penser. Je peux comprendre qu'on soit dépassé par les événements et qu'on gifle un enfant. Je peux à la rigueur concevoir une vie devenue incontrôlable au point de négliger son bébé et d'en arriver à le maltraiter. Je n'aime évidemment pas ces comportements qui n'ont rien de bénins, mais ils sont réels et méritent de l'empathie. En revanche, je ne parviens pas à trouver une quelconque excuse à ces horreurs que sont les abus sexuels sur un enfant innocent.

Finalement, j'ai eu besoin de respirer. Le travail m'a sauvée. Il fallait que je m'occupe des autres enfants, j'avais le dîner à préparer, une machine à lancer et les lits n'étaient toujours pas faits.

Vidée de toute énergie, Daisy n'est pas retournée auprès des filles. Elle a pris une poupée sur le sofa et l'a serrée fort sous une couverture tout en feuilletant des livres d'images et en marmonnant. Je n'entendais pas ce qu'elle disait, mais son ton était doux, sans une once de colère. Je ne pouvais pas en dire autant de moi.

5

Au cours de ma vie, festin et famine émotionnels ne cessent d'alterner. Des semaines peuvent s'écouler sans événement significatif, mis à part une dent qui tombe ou un anniversaire. Pendant ces périodes de calme, il m'arrive d'oublier ce qui bouillonne sous la surface. Je m'occupe de la maison, du linge, des repas et des enfants. Des amis nous rendent visite. Je fais le tour des librairies. Ces jours-là, je recharge mes batteries tout en me préparant à l'inévitable : les périodes où la coupe est pleine, où la normalité n'est plus qu'une illusion et où tout le monde est en crise. Comme ce mois de mars, lorsque Karen a eu cinq ans.

La découverte des abus sexuels subis par Daisy a marqué le début de la fin. C'était trop demander que passer cette épreuve avec aisance. J'aurais pu appeler une personne ayant autorité, quelqu'un qui serait venu à la rescousse. Cela s'est révélé beaucoup plus compliqué. J'ai effectivement téléphoné à Évelyne. Elle a été consternée, mais pas surprise. La petite s'était un peu plus confiée à moi qu'aux médecins de l'hôpital. Quand elle avait été questionnée par une femme du Bureau des abus sexuels sur enfants chez le procureur général, elle s'était contentée de se balancer sur son siège et de taper des mains. Elle paraissait non seulement folle, mais aussi pas très intelligente. Même Toni, la thérapeute de Daisy, n'a pas réussi à obtenir la moindre révélation qui aurait permis l'ouverture d'une procédure.

Chose positive, Sandra a semblé convaincue que sa fille avait été rudoyée par Frank. Cependant, cela ne s'est pas traduit par une envie désespérée de récupérer sa fille. Bien au contraire. Elle a paru soulagée que Daisy soit confiée à une famille d'accueil, où l'on avait l'expérience et les moyens de l'aider.

— Tu plaisantes ! me suis-je exclamée quand Évelyne m'a appris sa réaction. Daisy vit chez nous depuis plus de trois mois et Sandra ne l'a même pas prise une seule nuit. Elle a fait de réels progrès. Elle mange mieux et se montre bien plus attentive en classe. Je me sens un peu comme une baby-sitter, sous-payée évidemment. Qu'est-ce qu'elle attend ? Les dix-huit ans de sa fille ?

— Les visites ne se passent pas très bien. Daisy représente un gros problème pour Sandra. Je dois admettre que je n'ai jamais vu une enfant aussi récalcitrante avec sa mère. Quand je l'ai récupérée, la semaine dernière, Daisy était debout sur la table de la cuisine et hurlait de rage parce que Sandra refusait qu'elle mange la compote directement dans le pot avec ses doigts. Tu n'aurais pas reconnu la fillette que tu gardes.

Bien qu'atypique, Daisy était moins dure que d'autres. Elle tapait encore dans ses mains, faisait souvent la toupie, avait du mal à s'exprimer et de nombreux aliments lui donnaient la nausée, mais Daisy était indéfectiblement douce et gentille avec mes filles. Pour ma part, je considérais ce trait de caractère plus important que la capacité à manger un sandwich au beurre de cacahouète. Tandis que je m'inquiétais grandement pour Daisy, d'autres problèmes m'attendaient.

De foyer en foyer, d'école en école, de famille en famille, mes petits sont des voyageurs expérimentés malgré eux. Ils laissent derrière eux des frères, des sœurs, des grands-parents, des amis, des animaux. Ils emménagent dans de nouveaux foyers où même leurs sous-vêtements appartiennent parfois à quelqu'un d'autre.

Le tour de Jazzy était venu. Al et Barbara Hamilton l'avaient rencontrée sous son meilleur jour et étaient charmés par cette fillette pétillante. Ils avaient partagé un jus de fruit et des gâteaux ; quand Jazzy avait trébuché, Al avait été là pour la rattraper et elle l'avait remercié d'un câlin. Plus tard, il m'a confié qu'il détestait la savoir loin de lui.

Pour l'instant, nous avions énormément de travail. D'abord, il y avait à subir une réunion de présentation. Pendant deux heures exténuantes, Lauren et moi avons conversé avec les Hamilton dans une pièce sans fenêtres au centre des services sociaux. Nous avons examiné des rapports médicaux, des profils psychiatriques, une histoire familiale. Ils ont tout entendu, le bon, le mauvais, et le très effrayant. M'étant trouvée de l'autre côté de la table pour la réunion de présentation de chacune de mes filles, je sais qu'entendre et croire sont deux concepts très différents quand vous êtes attachée à un enfant. Des expressions comme antécédents familiaux de maladie mentale, trouble de l'attachement, toxicomanie et alcoolisme prénataux, ont le chic pour glisser à la surface d'un cerveau épris. Impossible, ai-je pensé sur le moment. Pas ma Neddy. Pas mon Angie. Pas ma Karen. Leur vie sera différente parce qu'elles nous auront. Nous pouvons les sauver de toutes ces souffrances. Notre arrogance est parfois surprenante !

Une fois la réunion terminée, nous avons présenté les Hamilton à Jazzy comme des parents qui cherchaient une fillette exactement comme elle afin de fonder une famille. S'ils avaient besoin d'une descendance, Jazzy, elle, n'avait apparemment pas besoin de parents. Elle en avait déjà deux, merci. Quand ils sont venus nous rendre visite, elle s'est montrée affectueuse, bien qu'un peu distante. Ils avaient apporté des cadeaux et n'avaient d'yeux que pour elle mais, quand l'heure est venue d'aller se promener, Jazzy n'a pas voulu en entendre parler.

— Je ne veux pas d'une nouvelle maman et d'un nouveau papa. Je vous ai, vous. Vous êtes mon papa et ma maman, a été la réponse que nous avons obtenue lorsque Bruce et moi lui avons appris qu'elle déménagerait dans quatre petites semaines et que le moment était venu d'aller visiter sa nouvelle maison.

— En vérité, mon cœur, Kathy et moi sommes tes parents temporaires, a expliqué Bruce calmement. Tu te souviens ? Nous en avons déjà discuté avec le Dr Drew. Roberto et Diane sont tes parents biologiques. Ils t'aiment mais ils ne peuvent pas prendre soin de toi. Ils ne peuvent pas assurer ta sécurité. Nous t'aimons nous aussi mais tu as besoin d'une famille pour toujours. Barbara et Al seront la famille qui t'aimera toujours et prendra soin de toi. Tu grandiras dans leur maison.

— Pourquoi Karen grandit-elle ici ? Pourquoi vous la gardez elle et pas moi ?

J'ai pensé qu'il valait mieux mettre des mots sur ses sentiments plutôt que l'abreuver d'informations.

— Ça te met en colère ?

— Jamais plus tu n'auras de bisous, a-t-elle décrété, les lèvres tremblotantes.

— Je ne t'en veux pas, Jazz. Moi non plus je ne serais pas contente à ta place. Mais je te promets une chose, ça passera. Un jour, tu auras l'impression que Barbara et Al auront toujours été tes parents. Tu te souviendras de nous et nous nous souviendrons toujours de toi, mais tu ne seras plus aussi triste. Ce sera un joli souvenir.

Si les Hamilton ont été contrariés par l'accueil plus que mitigé de Jazzy à leur égard, ils l'ont bien caché. Même quand elle a fait une crise effroyable alors qu'ils souhaitaient l'emmener manger une glace, ils sont restés calmes et compréhensifs. Ils se disaient qu'elle se sentirait peut-être prête le lendemain. C'était assez héroïque de leur part de venir tous les jours, ce qui signifiait presque trois heures de route. Enfin, après cinq longues journées pendant lesquelles Jazzy a refusé de s'éloigner de moi à leur arrivée, j'en ai eu assez.

— OK, trésor. C'est le jour J. Ton papa et ta maman seront là dans quelques minutes. Tu vas aller au centre commercial manger une glace avec eux. Tu n'es pas obligée d'aimer la sortie et de t'amuser. Tu n'es même pas obligée de goûter ton cône à la vanille, mais tu dois les suivre. Tu as envie de crier ? Je te donne dix minutes pour évacuer cette colère de ton corps. C'est parti, hurle tant que tu veux.

Jazzy a été surprise par ma demande et la dernière chose qu'elle voulait, c'était coopérer !

— Je ne veux pas crier, a-t-elle répondu sur un ton digne de la reine d'Angleterre. Je ne suis pas d'humeur.

J'ai dû me retourner pour ne pas qu'elle me voie sourire.

— Je me moque de ton humeur. Tu aimes crier quand tu es contrariée et je sais qu'aujourd'hui tu l'es. Si j'étais toi, je piquerais ma crise maintenant. Il te reste quelques minutes...

— Je ne t'aime plus, a-t-elle répliqué, son petit nez en l'air.

— Tu n'es pas obligée de m'aimer. Par contre, tu dois aller manger ta glace.

Des bruits de pas sur les gravillons ont alors annoncé l'arrivée des Hamilton. Jazz a pris son manteau et s'est postée près de la porte. Avec toute la dignité que peut montrer une fillette de quatre ans, Jazz a salué Al et Barbara.

— Bonjour, maman. Bonjour, papa. Je suis prête.

Le tour était joué. Par la suite, cela n'a pas été aussi facile, mais elle s'est absentée un après-midi, puis une journée entière. Finalement, elle a passé une nuit chez eux, puis un week-end, et c'était terminé.

Il n'y a pas eu de funérailles ni de carte de condoléances pour nous accompagner durant notre deuil. Nous avons vécu un départ banal, je suppose. Les enfants arrivent, restent, puis partent pour être remplacés par un autre enfant à l'histoire tout aussi triste. À nos yeux, ces petits bouts ne sont pas interchangeables. Jazz était notre Jazz. Énervante au plus haut point, mais elle a été à nous pendant une petite période de sa vie.

Nous avons perdu Priscilla la même semaine. Alors que sa mère ne se portait pas très bien, son père se sentait d'attaque pour la reprendre à la maison. Son départ a été très différent. D'abord, Priscilla était enchantée de retourner chez elle. Il n'avait jamais fait aucun doute que son foyer était là-bas ni que ses parents l'aimaient. Priscilla nous a manqué évidemment, mais nous n'avons pas eu de chagrin parce qu'elle ne nous a jamais appartenu. Elle savait quelle était sa famille, comme il se doit.

Les lits ne sont pas demeurés inoccupés très longtemps. Nous avons accueilli une fillette de cinq ans avec une infirmité motrice cérébrale et appris à manipuler un appareillage complet. Ensuite, une malentendante de trois ans nous a appris les bases du langage des signes. Ces deux enfants de passage exigeaient beaucoup de temps mais peu d'implication émotionnelle, ce qui me seyait à merveille.

Entre les bagarres avec les appareils et l'insertion de minuscules piles dans de petites prothèses auditives, j'ai emmené Karen passer sa visite des cinq ans. Après le contrôle habituel de son poids, de sa taille et de sa tension, j'ai mentionné les tics et les angoisses que nous avions remarqués. Le Dr Shubach l'a noté dans son dossier sans paraître plus préoccupée que cela.

— Pour vous rassurer, je vous donne rendez-vous chez un neurologue mais, à mon avis, ce n'est qu'un problème transitoire assez commun chez les enfants de cet âge. Rien d'inquiétant…

Je me tenais devant le bureau de la réceptionniste où je payais la consultation quand le Dr Shubach est sortie avec une pile de papiers à la main.

— Je vous ai imprimé quelques documents. Vous les lirez quand vous aurez une minute.

Je me souviens avoir fourré les feuilles dans mon sac et de les avoir laissées ensuite sur le comptoir de la cuisine. J'ai dû y jeter un coup d'œil dans la soirée mais, comme il s'agissait d'articles provenant d'Internet, je me suis dit que le Dr Shubach me les avait remis pour se donner bonne conscience.

Bruce est rentré tard du travail ce soir-là. Maintenant que Jazz et Priscilla étaient parties, la maison était étrangement calme. Nous avons discuté pendant plusieurs minutes de nos journées respectives.

— Au fait, comment cela s'est passé chez le médecin aujourd'hui ? A-t-elle parlé des tics de Karen ? J'étais tellement accaparé par ce projet de toit que j'ai oublié d'appeler.

— Il n'y a pas de quoi s'inquiéter. Nous devons juste l'emmener chez un neurologue. Le Dr Shubach a conclu à une série de tics passagers qui devraient s'estomper d'ici un ou deux mois. Elle m'a donné des photocopies, si cela t'intéresse. Je les ai laissées dans la cuisine.

Bruce a dû commencer à les lire pendant que j'appelais les enfants pour le dîner. Il était tellement captivé par sa lecture qu'il ne m'a pas entendue l'appeler à son tour. Finalement, il nous a rejoints. Le dîner a été animé, même s'il n'y avait que six enfants à table. Angie, Neddy et Ben parlaient de leurs tournois de football du printemps. Crystal posait des milliers de questions sur son campement d'une nuit avec son groupe de scouts. Karen refusait de manger tant que ses couverts n'étaient pas alignés à la perfection. Daisy se balançait sur sa chaise dans l'espoir de ne pas remarquer la nourriture dans son assiette. Je parlais à tout le monde en même temps, frottais le dos de Daisy, appréciais la bonne entente entre Ben et les filles et me demandais au passage pourquoi Bruce était si calme.

Après le dîner, tout le monde est monté finir ses devoirs, téléphoner ou se doucher, me laissant seule avec les assiettes sales. J'ai protesté, mais les enfants savaient que je bluffais. Cela ne me dérangeait pas de faire la vaisselle seule, car je bénéficiais enfin d'un peu de calme pour réfléchir, un luxe chez nous. Après la vaisselle, j'ai préparé du café et rejoint Bruce dans le salon. À ma grande surprise, il lisait encore les photocopies que j'avais complètement oubliées.

— Elles sont plus intéressantes que la vaisselle ? ai-je remarqué avec le sourire.

— Tu ne les as pas lues ?

J'avais rarement vu une expression aussi grave sur son visage.

— Non, pourquoi ?

Il ne m'a pas tout de suite répondu. Il a fini la dernière page. Quand il m'a regardée, il avait les larmes aux yeux.

— Hum... Si je m'attendais à ça...

— Bruce, que se passe-t-il ? Tu m'as l'air bouleversé...

— Oui et il y a de quoi.

— Tu me fais peur ! Il y a un problème ?

— Pas qu'un seul. Selon ce rapport, Karen souffre du syndrome de Gilles de la Tourette.

6

— Pourquoi tu as les yeux rouges, Kathy ? Tu as pleuré ?

J'avais envie de pleurer depuis que j'avais lu les informations du médecin sur le syndrome de la Tourette. Le SGT est une affection neurobiologique chronique qui provoque des mouvements et des bruits involontaires. Ces tics apparaissent généralement chez les enfants de cinq à huit ans. Au départ, on constate des clignements d'yeux, des contractions du nez, puis il y a les reniflements et les vocalisations, désormais constants chez Karen. En règle générale, les tics deviennent plus graves et plus gênants en primaire et au collège, quand les enfants sont plus vulnérables. Chez certains, les tics sont tout au plus ennuyeux ; chez d'autres, ils peuvent être handicapants. Le SGT apparaît rarement seul. Un trouble obsessionnel compulsif est souvent présent, comme des troubles de l'apprentissage et des problèmes comportementaux. Des traitements existent mais il n'y a pas de guérison possible. Le dossier comportait davantage d'informations mais je ne pouvais pas en absorber plus. J'étais tellement accablée et désemparée que je parvenais à peine à respirer.

J'ai souri à Daisy. Crystal et elle avaient été négligées depuis la visite de Karen chez le médecin. Pas au sens physique vu qu'elles étaient propres et nourries. Mais je ne parvenais pas à rassembler l'énergie pour le genre d'implication émotionnelle que j'avais l'habitude de leur fournir. Bruce tâchait de prendre le relais mais lui aussi était préoccupé. Crystal s'en sortait mieux que Daisy. À son âge, elle possédait d'autres ressources. Des amis l'appelaient et sa mère la prenait une bonne partie du week-end. Quant à Daisy, elle réclamait plus de moi que ce qu'elle recevait.

— Non, Daisy. Je pense à beaucoup de choses en ce moment.

— Moi aussi, a-t-elle enchaîné avec un petit soupir.

Ce commentaire m'a sortie de ma torpeur.

— Ça ne va pas, mon cœur ? Tu veux m'en parler ?

— Ça va. Je pensais à ma maman. Je rentre bientôt chez moi ?

— Je ne sais pas, Daisy. Tu veux retourner chez toi ? Tu n'en parles pas beaucoup.

— Maman me manque des fois. Mais je suis méchante dans sa maison. Maman ne m'aime pas. Elle me trouve bizarre.

Il aurait été tellement facile de lui mentir. Peut-être aurais-je dû ? Parfois la vérité est trop difficile à entendre pour une enfant qui n'a pas tout à fait sept ans. Mais, en regardant Daisy, je n'ai pas pu bredouiller de phrases creuses. Elle avait changé durant les quelques mois qu'elle avait passés avec nous. Encore maigre, son corps n'était cependant plus émacié. Elle avait les joues colorées et davantage de cheveux. Toutefois, ce n'était pas là les changements les plus importants. Ses yeux étaient désormais différents. Ce regard affolé qui les hantait avait été remplacé par une forme de lassitude, comme s'ils avaient vu trop de choses pour une fillette de son âge. On y lisait également de l'acceptation. Daisy ressemblait à un lutin, une fée fragile avec un pied dans un autre monde, tout en restant forte. Elle avait marché sur le feu pendant de courtes années et elle se tenait toujours debout. Je ne pouvais pas lui cacher la vérité.

— Je ne pense pas, Daisy. Parfois, les adultes ont tellement de soucis qu'ils n'ont pas beaucoup de temps à accorder aux autres ni à leurs propres enfants. Ta maman s'inquiète pour toi, c'est pour cela qu'elle t'a confiée avec joie à moi. Elle sait que nous t'aimons énormément. Elle veut que tu sois heureuse mais elle ignore comment t'aider. J'aimerais tant que cela soit différent, mais les vœux ne se réalisent pas toujours.

— J'ai compris pourquoi tu ne nous parles plus. Tu as trop de soucis.

— Tu as raison, mais ce n'est pas ta faute. L'hiver a été long, pas vrai ? Nous attendons tous le printemps avec impatience.

Le sourire que Daisy m'a adressé atteignait presque ses yeux.

— Tu souriras à nouveau au printemps ?

— Je te le promets, Daisy.

Malgré ma promesse, les sourires se faisaient rares, du moins à la maison. J'essayais néanmoins de sauver les apparences devant Bruce et les enfants. Le temps a projeté une ombre miséricordieuse sur les semaines suivantes. Elles demeurent floues dans ma mémoire parce que je n'ai pas la force de les revivre. Je sais que j'ai parcouru les photocopies une première fois. Puis, lorsque les enfants ont été couchés, je les ai relues, comme on lit une lettre d'amour en cherchant une signification dans chaque syllabe ou chaque signe de ponctuation. Le déni est, à mon avis, largement sous-estimé comme stratégie d'adaptation, même si tous les livres sur le chagrin indiquent que c'est un premier pas nécessaire après une perte. Les semaines suivantes, à chaque fois que Karen remuait le nez ou roulait les yeux, Bruce répétait dans son dos d'une voix monotone et énervante : « Karen a le syndrome de la Tourette ». À ce moment-là, je lui donnais un coup de coude dans les côtes et répliquais : « Tu vas nous porter la poisse. Elle souffre juste de tics passagers. » Je le disais toujours avec une pointe d'humour, comme si Bruce ne comprenait décidément rien à rien.

— Tu peux arrêter ? ai-je un jour demandé à Karen, alors que nous étions toutes les deux.

— Non, maman. J'aimerais beaucoup, mais je ne peux pas. Ça me gêne pour lire. J'ai l'impression que ça me gratte dedans.

J'ai alors appelé le neurologue conseillé par le médecin de Karen. Je ne m'étais pas rendu compte à quel point j'étais pressée d'obtenir un rendez-vous et de ne plus avoir à discuter de ces tics et de ces syndromes, jusqu'à ce que la secrétaire me propose une date pour la fin novembre.

— Novembre ! me suis-je écriée, prise de panique. Ma fille a peut-être le syndrome de la Tourette ! Elle ne peut pas attendre aussi longtemps. Vous ne réservez pas de créneau pour les urgences ?

La réceptionniste s'est montrée gentille.

— Les attaques sont des urgences. Les tics sont source d'inquiétude mais nullement dangereux. J'ai peur qu'elle ne doive attendre.

— Pouvez-vous me recommander un autre spécialiste ? Nous pouvons nous rendre à Boston, à New York s'il le faut.

— Les pédopsychiatres ne courent pas les rues, madame. Je peux vous conseiller d'autres médecins, mais ils ont tous des listes d'attente très longues.

Silence.

— Par contre, je peux vous ajouter à notre liste d'annulation. Si une place se libère, je vous appelle aussitôt.

J'ai accepté sans trop me faire d'illusions.

Karen savait que son corps se comportait de manière bizarre, mais ses tics ne semblaient pas la préoccuper plus que cela. Ils l'intriguaient peut-être mais elle ignorait l'inquiétude que provoquaient chez nous ses chantonnements, ses reniflements et ses roulements d'yeux. Bruce et moi avions discuté de Karen avec les aînés. Ils ne devaient pas mentionner ses problèmes à leur sœur à moins que celle-ci n'aborde le sujet la première. Il ne fallait pas la taquiner, la questionner ou la mettre dans l'embarras. Les plus jeunes ne m'inquiétaient pas outre mesure. Crystal imiterait Angie et Neddy ; notre fragile Daisy avait assez de soucis de son côté sans s'occuper des tics de Karen. La rentrée de septembre m'angoissait. Il est notoire que les enfants sont méchants envers ceux qui franchissent les frontières de la normalité, comme l'avait montré le traitement réservé à mes enfants adoptifs les plus singuliers. Et Karen se démarquait davantage chaque jour. Elle a ajouté un haussement d'épaules à son répertoire de mouvements involontaires, puis un raclement de gorge.

L'inquiétude me consumait, au point de laisser peu de place au reste. Quand mon fils Nathan m'a annoncé qu'il envisageait de naviguer durant l'été sur un bananier en Afrique du Sud, j'ai accueilli la nouvelle avec un petit sourire et un hochement de tête. Début avril, j'ai décidé d'agir, de trouver une activité productive et attrayante qui chasserait Karen de mon esprit, ne serait-ce qu'un après-midi.

Repeindre le plafond de la chambre qu'Angie et Neddy partageaient m'a semblé parfait. Je déteste peintre et ce plafond était une horreur. Comme j'avais tout le matériel à disposition, j'ai pu me lancer immédiatement dans l'aventure. Tous les enfants, excepté Karen, se trouvaient à l'école. Je l'ai installée dans la salle de jeux avec des crayons et du papier avant de me mettre au travail.

J'étais perchée sur un marchepied quand le téléphone a sonné. J'ai décidé de ne pas décrocher et d'écouter plus tard le répondeur. J'avais oublié que Karen savait depuis peu répondre au téléphone. C'est ainsi que je l'ai entendue converser avec quelqu'un.

— Oui, vous êtes bien chez les Harrison, a-t-elle annoncé comme si elle avait été réceptionniste toute sa vie. Elle n'est pas disponible pour le moment. Vous êtes qui ? Un moment, je vais lui dire. Maman ! a-t-elle crié. C'est le bureau du docteur Gilmore. Tu peux les rappeler ?

— Merde ! Ne raccroche pas ! J'arrive !

J'ai failli tomber de l'escabeau. J'ai essuyé mes mains couvertes de peinture sur mon jean tout en trébuchant sur le drap qui me servait de toile de protection.

— Oui, madame Harrison à l'appareil. Oui, la maman de Karen. Pouvons-nous être à votre cabinet dans deux heures ? On sera là dans une heure s'il le faut. Oui. Nous avons une lettre de notre médecin. Merci ! Oui. Bien entendu. Merci !

J'exagérais évidemment. Deux heures, c'était tout juste suffisant. À condition que la circulation soit fluide, le cabinet se trouvait à une heure de chez nous et je devais me débrouiller pour que quelqu'un récupère les enfants après l'école. Avant toute chose, j'ai appelé Bruce au travail afin que nous nous retrouvions à mi-chemin et traversions ensemble cette épreuve.

Karen me posait bien sûr des dizaines de questions.

— Pourquoi on va chez le médecin si je ne suis pas malade ? Et le docteur Shubach ? Pourquoi tu as des taches blanches dans les cheveux ?

Nous avions déjà expliqué à Karen ce qu'elle était en mesure de saisir. Mais il m'a fallu recommencer.

— C'est un médecin spécial qui va nous aider à comprendre pourquoi c'est si difficile pour toi de ne pas remuer et pourquoi tu fais des bruits sans le vouloir. Il ne te fera aucun mal. Et mes cheveux sont blancs parce que je repeignais un plafond.

— J'arrêterai de remuer grâce à lui ? m'a demandé Karen le plus sérieusement du monde.

L'inquiétude dans sa voix m'a alarmée. J'avais été si accaparée par ma propre détresse que je ne m'étais pas attardée sur les sentiments de Karen.

— Je ne sais pas, mon bébé. J'espère.

Une amie a accepté de récupérer les filles à l'arrêt de bus. Bruce et moi avons convenu de nous rejoindre au centre commercial, puis de nous rendre ensemble chez le neurologue. Sans dire un mot, nous nous sommes enlacés un long moment.

Nous avons roulé en silence pendant quelques minutes avant que Bruce allume la radio et tombe sur une station de country. Chanter du rockabilly nous a aidés à passer le temps.

De nombreuses villes possèdent un quartier avec des hôpitaux, qui forment une petite cité autonome – bâtiment dédié à l'orthopédie, aux grossesses à risque, aux maladies tels que le cancer, le diabète, les traumatismes divers. Les plus grands établissements ont un excellent service pédiatrique entouré par les bureaux des spécialistes.

C'était étrange de longer ces couloirs avec Karen, qui nous donnait la main. Nous avons rencontré des enfants en fauteuil roulant, les yeux vitreux, de la salive dégoulinant sur leur T-shirt. Ils souffraient des stigmates évidents de syndromes congénitaux et plusieurs avaient le crâne chauve et les yeux las des victimes du cancer. Je ne souhaitais pas croiser le regard de leur mère tandis que je marchais avec ma fille si belle et si tonique. J'aurais aimé leur dire que j'étais désolée… « Nous sommes de passage, nous avons une vraie vie chez nous, je serais heureuse de faire une généreuse contribution à la recherche, mais, je vous en prie, ne me demandez pas d'adhérer au club… »

Sincèrement, mon malaise a empiré quand nous avons trouvé le bureau du Dr Gilmore. À l'évidence, personne ne venait là pour une maladie infantile bénigne. Ici, pas de nez qui coulait ou de fièvre. Cet endroit ne concernait pas les malades, mais les cœurs brisés.

Bien qu'on ait exigé notre ponctualité, nous avons attendu une bonne demi-heure avant d'être appelés en salle d'examen. Une infirmière a pris les mesures de Karen –

taille, poids, circonférence du crâne – avant de nous conduire dans une plus petite salle. À nouveau, nous avons patienté, tandis que l'angoisse de Karen croissait.

Le Dr Gilmore s'est présenté mais n'a pas perdu de temps en bavardage. Il a simplement demandé la raison de notre présence et je suis sûre que je n'étais pas la première mère à lui parler à demi-mot, dans l'espoir de protéger son enfant de la réalité. Bruce est intervenu pour clarifier la conversation mais il s'est surtout concentré sur Karen et a essayé de la distraire afin que je me sente libre de discuter avec le médecin.

L'examen a été bref. Il a testé les réflexes de notre fille, lui a examiné les yeux... En vérité, il a surtout parlé avec elle. Sachant que nous avions adopté Karen et que nous ignorions presque tout de ses parents biologiques, il ne l'a pas interrogée sur son histoire familiale, mais lui a posé des questions sur la télévision, l'école, ses frères et ses sœurs. Je savais pourquoi. Il voulait observer ses tics. En tant que témoin, j'ai été interloquée par leur nombre. Finalement il a demandé à Bruce d'accompagner Karen dans la salle d'attente. Dès que la porte s'est refermée, le Dr Gilmore s'est installé en face de moi. Il a plié les mains sous son menton et a pris une profonde inspiration avant de commencer.

— Karen est une enfant adorable. Je suis impressionné par son intelligence et sa gentillesse. Bien, à votre avis, qu'est-ce qui ne va pas chez elle ?

— Oh ! Ça je le sais ! me suis-je exclamée comme si je l'avais toujours accepté – ce qui était peut-être le cas puisque les mots sont sortis de ma bouche sans problème. Karen souffre du syndrome de la Tourette.

C'était la vérité. On n'avait pas le choix. On ne nous demandait pas si on gérerait. Il fallait gérer. Point.

La tristesse initiale a cédé la place à un trou noir, que j'espère ne plus jamais ressentir. Pendant cette période sombre, j'ai pris trois douches par jour afin de pouvoir pleurer en privé. Je ne pouvais plus ni manger, ni dormir, ni lire, ni écrire. Je ne me rendais plus à l'église parce que la musique liturgique me donnait envie de pleurer. Finalement, j'ai compris que mon désespoir ne concernait pas Karen. Elle avait accepté notre explication du syndrome et continuait sa route. Il fallait à présent que je suive son exemple. Il n'y avait pas de place dans ma vie pour l'apitoiement et j'ai enfin pu laisser exploser ma colère. Pendant quelques jours, j'en ai voulu à Dieu, à l'univers tout entier, à quiconque avait le malheur de croiser mon chemin. J'ai promis de devenir une meilleure personne si ce mal disparaissait, d'accomplir de bonnes actions, de consacrer ma vie à mes semblables. Mais la maladie n'a pas décliné et, si je voulais aider Karen, je devais me montrer forte. J'ai continué à pleurer de temps en temps et ces larmes ont fini par laver mon chagrin. J'ai acheté des livres, rejoint une association, me suis instruite. J'ai utilisé les leçons que m'ont apprises les enfants, comme Daisy, qui sont venus à moi au fil des années avec des deuils et des trahisons dépassant ma compréhension. Ces enfants pleuraient mais ils se levaient le matin et aimaient à nouveau.

7

Hurlements et échos de jeux de Lego résonnaient à l'intérieur de la Clinique des Enfants. Tous les lundis après-midi, je conduisais Daisy auprès de Toni, sa thérapeute, pour une séance d'une heure. Ce n'est pas beaucoup pour aider une fillette fragile à se reconstruire mais les compagnies d'assurance n'offrent généralement guère plus. Par chance, malgré ses boucles auburn et ses joues parsemées de taches de rousseur qui lui donnaient plutôt l'air d'une pom-pom-girl que d'une experte en traumatismes de l'enfance, Toni Tonelli était très douée. En fait, elle aussi menait les foules à sa manière. Elle m'aidait à rester concentrée et motivée dans mon quotidien avec une petite fille qui refusait de manger, paniquait pendant les orages et continuait à dessiner les abus sexuels dont elle avait été victime. Dieu merci Daisy n'était pas une artiste accomplie. Néanmoins, ses bâtonnets décrivaient clairement ce que Frank lui avait fait subir et j'ignore si j'aurais supporté davantage de détails.

Je ne posais jamais de questions à propos des séances avec Toni, et Daisy n'abordait jamais le sujet. Je sais simplement qu'en sortant Daisy s'effondrait sur mes genoux, lessivée. Nous rentrions souvent à la maison sans prononcer un mot.

La Clinique des Enfants est une de ces institutions locales qui proposent des thérapies aux petits. Comme le choix du médecin dépendait de moi, je préférais appeler la Clinique. Ses employés étaient experts dans tous les domaines pouvant concerner mes enfants et il y avait toujours un thérapeute spécialisé en traumatismes, abus sexuels, difficultés d'apprentissage, angoisses, problèmes d'attachement et toute forme sérieuse de maladies mentales. La salle d'attente voyait passer des enfants dont les parents pouvaient aussi bien être enseignants que SDF – un endroit intéressant bien que perturbant.

Parents et enfants qui se retrouvaient dans la salle d'attente le lundi après-midi étaient devenus une sorte de famille. Un peu distants au départ – de peur je suppose que toute familiarité paraisse envahissante –, nous avons peu à peu fait connaissance. Nos regards se sont croisés, nous avons partagé des sourires quand un enfant se montrait drôle, et finalement nous avons discuté. Personne n'a jamais demandé à quelqu'un la raison de sa présence en ces lieux. À l'occasion, une mère offrait des informations d'ordre général mais, la plupart du temps, on respectait l'intimité de nos enfants.

Un après-midi pendant les vacances, je me suis retrouvée seule dans cette salle d'attente. Quelques minutes de solitude représentaient un grand luxe pour moi. J'avais confié Daisy à Toni avant de m'installer avec un bon livre quand une des mamans, une rousse à l'air exténué prénommée Valerie, a surgi dans la salle, son gamin sur les talons. Le petit me faisait penser à une autotamponneuse ; il se cognait dans chaque mur, chaque jouet, chaque meuble qu'il rencontrait. Il avait l'air si sauvage. Je me demandais comment la thérapie se déroulait pour lui.

— Pfiou ! s'est exclamée Valerie qui a poussé un gros soupir de soulagement quand le petit a enfin été conduit au premier. C'est un brave gamin, mais il m'use et je ne suis jamais pressée de voir les vacances arriver.

Après un petit sourire évasif, j'ai replongé dans ma lecture en espérant mettre un terme à la conversation.

Quelques minutes plus tard, Valerie a repris la parole.

— Pardonnez ma curiosité, mais êtes-vous mère d'accueil ?

Sa question a attisé ma curiosité. J'étais une recruteuse invétérée de nouvelles familles et la meilleure publicité était de discuter de mon expérience avec les gens. J'avoue que je parle plus des côtés merveilleux de l'accueil que des histoires horrifiantes de certains enfants.

— Oui. Comment le savez-vous ?

— En fait, je connais Daisy. Du moins, sa famille. Nous vivions dans la même rue quand j'étais adolescente, et ma mère allait à la messe avec Mme Hodges. Quand j'ai entendu dire que la fille de Sandra était en famille d'accueil, je ne l'ai pas cru. C'est vrai, ce n'est pas le genre de personne à qui on enlève ses enfants !

Me voilà dans de beaux draps, c'était une chose de parler de l'accueil en général, mais je ne pouvais pas parler de mes protégés par respect du secret professionnel.

— Les enfants qui sont placés en famille d'accueil n'ont pas tous été enlevés à leurs parents. Ce ne sont pas seulement les gens pauvres qui ont des problèmes. Je ne peux pas vous parler de Daisy, mais je peux vous dire que certaines personnes dans votre voisinage, et peut-être dans votre propre famille, ont peut-être des difficultés avec leurs enfants. Ils n'en parlent simplement pas.

Je ne souhaitais pas m'étendre, mais Valerie, elle, n'avait aucun scrupule à discuter de la famille de Daisy. J'aurais dû l'en empêcher. Cela aurait très facile de dire que je ne pouvais pas m'entretenir de la famille de mes enfants et changer de sujet, mais ma curiosité l'a emporté. Car, en dépit de ce que je venais d'affirmer à Valerie, la famille de Daisy était unique. D'ordinaire, les enfants de ces milieux-là ne finissent pas en famille d'accueil. Quand on a de l'argent, de l'instruction et des relations, on dispose d'autres ressources que le bon soin offert par des inconnus. Les familles d'accueil ont mauvaise réputation. Mais elles sont le dernier recours pour bien des enfants.

J'ai donc posé mon livre et me suis penchée vers elle. Il suffisait de quelques « non, vraiment ? » et « pas possible » pour que

Valerie poursuive. Lorsque les enfants sont revenus de leur séance, j'avais une image plus claire de la famille de Daisy.

Loretta et Howard Hodges étaient le couple parfait. Avocats, ils travaillaient dans le même cabinet. Ils allaient skier en hiver, possédaient une maison de vacances au Cap. Ce couple en or aurait dû avoir des enfants en or. À la place, était née Sandra.

Ils l'avaient eue tardivement et elle ne correspondait pas du tout à l'enfant qu'ils attendaient. Bébé compliqué et très demandeur, elle ne progressait jamais assez vite aux yeux des Hodges. À leur grand regret, elle a redoublé la maternelle et eu des difficultés pendant toute sa scolarité. Ni athlète, ni musicienne, ni artiste, malgré les cours particuliers et les programmes d'enrichissement que la communauté proposait, Sandra a peiné à terminer le collège. La situation ne s'est pas améliorée quand son père est mort l'année où elle a été chassée du seul lycée qui l'avait acceptée. Sa mère éplorée a trouvé du réconfort dans la religion, tandis que Sandra collectionnait les petits boulots et les petits amis, jusqu'à ce qu'elle tombe enceinte sans mari ni perspective d'avenir. Si Sandra l'embarrassait auparavant, elle mortifiait sa mère à présent. Mme Hodges n'avait pas abandonné sa fille ni sa petite-fille, mais elle était loin d'être heureuse.

— Sandra a toujours été une plaie pour sa mère, a continué Valerie. Je dois admettre que je suis surprise qu'elle ait laissé la fille de Sandra finir dans une famille d'accueil. Sans vous offenser, mais jamais je ne laisserai une personne que j'aime atterrir dans un tel endroit.

J'ai préféré ne pas relever.

— Vous connaissiez son dernier petit ami ?

— Qui ? Frank ? Ce gars-là, il est mignon, mais, entre nous, il a l'air un peu débile.

Un couinement de baskets nous a signalé la fin de la thérapie du fils de Valerie. J'ai béni les quelques minutes de solitude, après tout ce que j'avais entendu. Un peu embarrassée d'être allée à la pêche aux informations, j'étais néanmoins contente de les avoir obtenues. Une autre petite pièce du puzzle qu'était ma Daisy.

À notre retour à la maison, un message de Susan m'attendait. Elle avait deux enfants à placer d'urgence. Son appel a été un soulagement, car j'avais besoin d'occupation. Sinon, je réfléchissais trop. J'ai donc accueilli deux enfants que j'aurais refusées en temps normal en raison de leurs besoins assez particuliers. Sylvia était une jeune fille immature de quatorze ans qui allait accoucher dans les semaines à venir. Nous devions la garder jusqu'à ce qu'un lit soit disponible dans un foyer pour jeunes mères célibataires.

— Dites-moi qu'elle n'a pas l'intention de garder ce bébé, ai-je demandé à son assistante sociale après avoir rencontré la future mère. Ce n'est qu'une enfant qui n'a aucun sens de l'organisation.

— Si, elle veut le garder, a affirmé Doris, la cinquantaine austère. C'est le truc à faire au collège de nos jours.

Son visage s'est un peu adouci.

— Je m'occupe de Sylvia depuis ses sept ans. Elle aurait dû être installée dans l'unité pour adolescents, mais je déteste l'idée de la perdre maintenant. Je suis la seule personne à qui elle est attachée. Sa mère ne veut plus la voir et personne ne sait qui est son père. Elle ne s'est jamais adaptée aux familles d'accueil et, par deux fois, son adoption a échoué. Pourquoi ne voudrait-elle pas de ce bébé ? Au moins, quelqu'un l'aimera. Comment pourrait-elle savoir qu'un bébé aura besoin d'elle à deux cents pour cent ? Quand elle le découvrira, nous vous appellerons pour prendre aussi soin du petit.

— Voulez-vous que je lui parle d'adoption ?

— Je ne vois aucun mal à essayer, mais autant s'adresser à un mur.

Sylvia a pris la chambre laissée libre par Nathan, qui louait son propre appartement.

Maggie est arrivée chez nous la semaine suivante avec une histoire hallucinante. Elle avait trois ans, ne parlait pas et mangeait uniquement avec les doigts. Elle avait été découverte avec sa sœur de six ans et deux nourrissons dans une espèce de cabane sur les collines. Ce n'était pas la pauvreté qui avait arraché ces enfants à leurs parents, mais la négligence. Les petits sortaient rarement de chez eux. Alors qu'ils ne parlaient pas, ils n'avaient jamais reçu la visite des services de la petite enfance. Aucun des parents ne se souvenait du nom d'un médecin, même s'ils affirmaient que les enfants avaient été vaccinés. Cette famille était si isolée socialement qu'on ignorait combien de temps encore ils auraient échappé au système si la mère n'avait pas refusé d'envoyer son aînée à l'école. Lorsqu'une éducatrice était passée pour évaluer la qualité de l'enseignement à domicile, elle avait été effarée par les conditions de vie et le comportement des parents, si bien qu'elle avait immédiatement appelé les services sociaux. Quand les travailleurs sociaux sont arrivés, ils se sont montrés inquiets pour la sécurité des enfants, mais aussi pour la leur ! Le père était étrange mais assez docile. Quant à la mère, c'était une autre histoire. Après une confrontation violente, les travailleurs sociaux ont dû appeler la police avant de pouvoir emmener les enfants.

Léon, le travailleur social qui nous avait confié Maggie, était un jeune homme immense. Il avait presque dû se baisser pour entrer chez nous et j'avais du mal à imaginer ce grand gaillard pourchassé dans une cuisine par une petite bonne femme armée d'un poêlon, mais c'était bel et bien arrivé. Il semblait si fatigué que je lui ai offert une tasse de café avant qu'il ne reparte.

— J'aimerais bien, mais mon partenaire m'attend dans la voiture avec les autres enfants. Nous devons les déposer dans leur famille d'accueil.

— Vous n'êtes pas parvenus à les placer ensemble ?

— Ces gamins sont de telles terreurs que nous avons eu de la chance de leur trouver une place. Ensemble, il n'en était pas question. Je dois vous avouer que jamais on ne me paiera assez pour faire votre travail. À cinq heures, moi je rentre chez moi.

Il ne m'a pas fallu longtemps pour comprendre où il voulait en venir.

Pendant que nous discutions, Léon retenait Maggie par le dos de son sweat-shirt. À la minute où il l'a lâchée, elle a cherché à fuir. Ma cuisine est grande et spacieuse, mais elle n'offre pas beaucoup de cachettes. Maggie s'est donc tapie dans l'unique endroit qui la protégeait de nous, c'est-à-dire sous la table, et s'est mise à pousser des cris stridents. Notre table peut accueillir dix à douze personnes. Terrée en son centre, accrochée à une chaise, Maggie ne serait pas facile à déloger.

J'ai fait signe à Léon de s'en aller. Maggie devait l'associer à son enlèvement brutal à sa famille et j'avais peur que sa présence rende les choses encore plus difficiles. Il est parti sans broncher. À mon avis, le voyage en voiture n'avait pas été des plus agréables et il n'aurait pas supporté Maggie une minute de plus.

Avec l'aide d'une des filles, j'aurais pu tirer la petite de sa cachette. Mais ce n'était pas le ton que je voulais donner à sa future vie à nos côtés. La fillette étant à la fois furieuse et apeurée, si je ne parvenais pas à la calmer rapidement, j'étais bonne pour une nuit blanche.

— Eh, Maggie ! Ce doit être terrifiant d'arriver dans une maison et de ne connaître personne. Tu dois te demander où sont ton papa et ta maman.

Une petite étincelle s'est allumée dans ses yeux quand j'ai parlé de ses parents.

— Je parie que tu t'inquiètes pour tes frères et sœurs aussi. Moi, je me ferais du souci pour eux. De nombreux enfants viennent chez moi pendant que leur famille apprenne à mieux prendre soin de leurs enfants. Ils s'inquiètent tous pour ceux qu'ils ont laissé derrière eux.

J'ai eu l'impression que le volume de ses cris diminuait.

— Tu peux peut-être m'aider ? Et si nous dessinions cette maison pour ta sœur ? De son côté, elle dessinera celle où elle habite à ton intention. J'ai des crayons dans une boîte.

Le vacarme avait évidemment attiré l'attention des autres filles. Il était presque quatre heures et toutes étaient revenues de l'école. Je les avais expédiées au premier à l'arrivée de Maggie pour ne pas la perturber davantage, mais il n'était pas question que mes minettes restent en haut avec toute cette frénésie.

Sylvia s'est accroupie à côté de moi avec maladresse. Tout espoir qu'elle puisse me seconder s'est envolé à cet instant. Bien qu'elle soit plus expérimentée que les autres en matière de petite taille, de peur et de solitude, l'empathie n'était pas une de ses qualités.

— Bah ! a-t-elle dit, l'air dégoûté. Qu'est-ce qu'elle est moche ! Je m'attendais à une fille plus jolie. Elle a un problème aux yeux ! Elle est vraiment bizarre.

À l'époque, Karen corrigeait le comportement des filles dès qu'elle en avait l'occasion.

— Ce n'est pas très gentil de ta part, Sylvia. N'est-ce pas, maman ? Sylvia ne devrait pas parler comme ça, elle pourrait blesser ce petit amour.

Quand Karen a tendu le bras sous la table pour toucher la main de Maggie, le petit amour l'a mordue.

Sylvia a évidemment trouvé son geste à mourir de rire. Tandis que l'orage menaçait d'éclater, c'est Daisy qui est venue à la rescousse. Elle s'est précipitée au premier avant de réapparaître avec un lapin en peluche, vieux et déplumé, à qui il manquait un œil, mais néanmoins attendrissant. Nous possédions une collection impressionnante de peluches en bien meilleur état que celle-ci. Mais c'était celle que les gamins réclamaient quand ils étaient tristes, malades ou en manque d'amis. Ce lapin appartenait à tout le monde et à personne.

— Tiens petite, a murmuré Daisy. Nous te prêtons notre lapin. Je suis passée par là moi aussi.

Nous nous sommes tues pour mieux l'entendre.

— J'ai pleuré toutes les nuits, mais maintenant c'est terminé. Ça va aller. Ta maman va revenir.

Maggie s'est emparée du lapin, l'a coincé sous son bras et a collé son pouce dans sa bouche. Quel soulagement que ses cris cessent !

— Je veux que vous vous trouviez toutes une activité. Laissons à Maggie le temps de s'habituer à nous sans que nous bourdonnions autour d'elle comme des abeilles devant une fleur.

J'espérais que, sans public, Maggie se lasserait de rester sous la table et déciderait de nous rejoindre. Karen s'est mis un film, Crystal a commencé un puzzle, et Daisy s'est assise à côté de Karen sur le canapé, tandis que Sylvia traînait dans la cuisine, incapable de s'éloigner de Maggie.

— Bon, arrête de bouder et sors de là-dessous !

Maggie l'a foudroyée du regard et a tiré la chaise contre elle.

— Sylvia, je t'ai demandé de la laisser tranquille, s'il te plaît. Trouve-toi une autre occupation.

— Ce n'est pas elle qui commande. Je ne laisserai jamais mon gamin se comporter ainsi. Elle doit apprendre de bonne heure à obéir. Je vais lui dire de sortir de sous cette table et elle va le faire.

Sylvia s'est tue une minute.

— J'espère que mon bébé sera beau. Je lui mettrai de jolis habits, tu sais. Je ne saurais pas quoi faire d'un enfant moche.

Maggie avait réellement un physique ingrat. Ses cheveux châtain terne étaient très sales. Elle avait dû porter la frange à une époque, mais celle-ci avait tellement poussé qu'elle lui tombait sur la bouche. Petite et trapue pour une fillette de trois ans, Maggie avait de petits yeux et le sourire à l'envers. Elle portait une salopette de garçon usée, trop grande pour sa corpulence, qui lui tombait si bas sur les hanches qu'on voyait le haut d'une couche en tissu crasseuse. Son sweat-shirt mauve pelucheux était trop petit et le Mickey qui dansait sur son ventre avait vu des jours meilleurs. Ajoutez à cela une odeur affligeante, mélange de vieille urine et de fumée de cigarette.

— Les enfants ne sont pas tous beaux, Sylvia, et ils traversent des périodes où ils ne se comportent pas bien. Parfois, ils sont malades, fatigués ou ont faim. Lorsqu'on est maman, on doit être capable de faire passer son enfant en premier. S'ils sont malades et que tu veux aller au centre commercial, tu dois remettre ta promenade à plus tard. Les enfants malades sont mieux à la maison. S'ils deviennent irritables ou résistent, tu ne peux pas leur crier dessus ou les taper dans l'espoir qu'ils se comporteront mieux. Tu dois chercher pourquoi ils agissent ainsi et intervenir en conséquence. Je pourrais forcer Maggie à sortir mais cela ne me dira pas ce dont elle a besoin ni comment je peux l'aider. Si tu décides d'élever ton enfant, tu dois te comporter en adulte. Tu dois penser à ses besoins, pas aux tiens.

— Si je décide de l'élever ? J'ai bien dit à Doris que je gardais mon bébé ! Tu ne me feras pas changer d'avis avec tes discours sur les difficultés d'être une bonne mère.

Doris m'a déjà tout appris. Je veux cet enfant. Je n'ai jamais eu personne et, maintenant, je l'ai, lui. Ce sera moi et Nautica.

— C'est le prénom que tu lui as choisi ? ai-je demandé dans l'espoir d'atténuer un peu la tension. Je croyais que c'était Shawna ?

— J'ai changé d'avis. Et puis, ce n'était pas Shawna, mais Shania comme la chanteuse. Ma fille sera une star du cinéma ou de la chanson.

Vêtue d'une vieille chemise de Bruce et d'un pantalon en stretch, Sylvia ne paraissait pas enceinte, mais ressemblait à n'importe quelle fille qu'on croise dans la rue. Ses cheveux décolorés, ses nombreux piercings et son tatouage provoquant criaient : « Regardez-moi s'il vous plaît ! Je suis jolie ! Remarquez-moi ! » À présent, elle pensait qu'un bébé lui apporterait ce qu'elle voulait désespérément : quelque chose qui la rende spéciale.

— Et si tu attendais un garçon ?

— Ce ne sera pas un garçon. Je veux une fille.

Au cours de cette conversation, Maggie n'a pas bougé d'un millimètre. Le pouce dans la bouche, elle a troqué ses cris stridents contre un léger grognement chaque fois que je regardais dans sa direction. Sinon, elle se tenait tranquille. Comme je voulais la faire sortir de là sans user de la force, je devais me montrer créative. À l'évidence, elle était plus patiente que moi et l'heure du souper arrivait à grands pas.

— Les filles ! Qui veut des cookies ?

Des gâteaux, vingt minutes avant de passer à table ! Parfois, c'est du grand n'importe quoi.

Bien entendu, toutes sauf Daisy en ont voulu. Je les ai disposés sur la table, mais je me suis trompée sur Maggie. La petite n'a pas bougé et c'est finalement Crystal qui a trouvé une solution à laquelle je n'avais pas pensé.

— Tu pues, ma fille. Sors de là, on va te mettre des vêtements propres. Tu aimes les jolies robes ? Kathy en a plein.

Maggie se cachait sous la table depuis trente minutes. La robe n'était peut-être qu'une excuse, mais la petite a émergé et j'ai pu la regarder comme il faut. De son côté, elle me jaugeait également sous son voile de cheveux sales, avec son seul œil valide.

Crystal, que Dieu la bénisse, est montée avec Karen chercher des vêtements adaptés pendant que j'accompagnais Maggie dans la salle de bains. Accompagner est le mot puisqu'elle refusait qu'on la touche. Quand j'ai posé la main dans son dos, elle m'a frappée et je me suis demandé comment je m'en sortirais dans la baignoire… Quant à me laisser vérifier si elle avait des poux ! Cette opération représentait une nécessité, mais j'imaginais qu'elle ne coopérerait pas plus que dans la cuisine. Il fallait que je lui lave les cheveux et lui inspecte les dents. Par chance, j'avais déjà réglé le problème du repas en sortant un plat tout prêt du congélateur.

En définitive, je n'ai rien fait d'autre que regarder Crystal lui enfiler une robe dans la cuisine. J'ai jeté les habits de Maggie à la poubelle, ce que je fais rarement. Cela me semble tellement irrespectueux, mais il n'y avait rien à sauver. Crystal avait choisi une robe ridicule qu'on nous avait donnée, vert fluo avec de la dentelle et des nœuds. Elle était trop grande pour Maggie mais ses yeux se sont illuminés quand elle l'a vue. Je n'ai pas eu le cœur d'envoyer les filles au premier chercher quelque chose de moins criard. Entre la robe et les chaussures de randonnée, Maggie valait le coup d'œil. Je suis au moins parvenue à lui mettre une couche propre, même si elle a refusé que je la lave. En conséquence, elle sentait encore mauvais quand Bruce est rentré à la maison. Il l'a acceptée, bien que nous n'ayons pas convenu d'accueillir un nouvel enfant.

Le dîner a été un fiasco entre Karen et ses tics, Daisy et ses balancements. Maggie ne voulait manger que du pain et des pommes de terre qu'elle enfournait dans sa bouche comme si elle n'avait jamais vu une fourchette de sa vie. Crystal a renversé son lait. Sylvia a boudé tout le long parce que les ados étaient sortis et qu'elle était coincée à la maison avec les petites.

À l'autre bout de la table, le sourire de Bruce me disait : « Si tu cherchais à te changer les idées, je crois que c'est gagné ! »

Le lendemain matin, je me suis assise à la table de la cuisine avec un carnet afin d'établir une longue liste des choses à faire. J'en avais tellement à accomplir durant les quelques semaines d'école qui restaient que, si je ne m'organisais pas, j'oublierais une tâche importante. Au sommet des priorités : une visite chez le dentiste pour Maggie. J'étais parvenue à jeter un coup d'œil dans sa bouche et avais vu des dents dans un très mauvais état, les pires depuis que j'étais mère nourricière. Les molaires étaient toutes cariées. En fait, seules quatre dents semblaient épargnées. Son haleine sentait si mauvais que je soupçonnais la présence d'au moins un abcès. Elle avait aussi besoin d'un examen clinique, d'une visite au département de l'éducation des enfants en difficulté et de vêtements. Elle m'avait été confiée nue comme un ver. J'avais assez d'habits pour tenir plusieurs jours mais un saut dans les magasins ne serait pas du luxe. Je me suis également demandé si je ne devais pas appeler un thérapeute. Cela relèverait du défi de trouver celui qui voudrait travailler avec une fillette muette de trois ans, mais, vu son comportement de la veille, je me suis dit qu'un peu d'aide ne me ferait pas de mal. Maggie n'avait pas dormi, avait refusé de monter dans la baignoire et avait mordu celles qui l'embêtaient. Je ruminais tout cela quand je me suis aperçue de la présence de Sylvia à mes côtés. Elle demandait beaucoup de mon temps. Plus que les petites. Elle se plaignait sans arrêt de ne pas se sentir bien, que les benjamines ne la laissaient jamais tranquille, que les aînées ne voulaient pas de sa compagnie, que ses amies lui manquaient et que cela la rendait malade de ne pas porter de vêtements à la mode... Son attitude m'épuisait, mais je n'avais plus que quelques jours à la supporter.

— Je ne me sens pas bien. J'ai mal au ventre.

Cette remarque a attiré mon attention, car elle était enceinte de huit mois.

— Tu as mal où ?

— Je ne sais pas. J'ai des crampes. Je suis allée aux toilettes mais ça ne va pas mieux.

— Allonge-toi un moment. Le Dr Miller t'a conseillé de ne pas trop rester debout.

— J'étais allongée mais je ne me sens vraiment pas bien.

À cet instant, elle s'est cramponnée le ventre et est tombée à genoux.

— Oh ! Oh ! Oh ! Il se passe quelque chose, Kathy ! Je n'ai jamais eu aussi mal de ma vie !

— Karen ! ai-je crié. Descends mon sac à main. Bruce, tu peux monter une minute ? Nous avons une petite crise ici.

Dieu merci nous étions samedi et Bruce ne travaillait pas.

— Sylvia a des contractions. Je l'emmène chez le médecin. Appelle-le et dis-lui que nous arrivons. Garde un œil sur les filles. Son numéro est dans le carnet près du téléphone.

— Tu en es sûre ? Elle ne doit accoucher que dans trois semaines.

— Non, je n'en suis pas sûre, mais elle n'a que quatorze ans et c'est son premier. Ce n'est pas à moi de décider. Je préfère y aller et me tromper que rester ici et avoir raison.

— OK. Je surveille le fort en ton absence. Oh ! Et Maggie ?

— Elle dort. Avec un peu de chance, elle ne se réveillera pas avant une ou deux heures. Ensuite, tu te débrouilles !

Notre petite ville se trouve à une trentaine de minutes du centre médical le plus proche, où il y a des gardes le samedi. Je n'ai pas appuyé sur le champignon, mais je n'ai pas traîné non plus. J'avais des visions d'accouchement à l'avant de mon minivan.

J'ai été surprise d'entendre Sylvia pleurer doucement. Des sanglots sonores et angoissés étaient plus son style. Là, il s'agissait de vraies larmes, plus poignantes parce qu'elle les retenait.

— Ça ne va pas, Syl ? Tu as peur ?

Elle a reniflé et hoché la tête. Les larmes ont coulé sur ses joues.

— Je ne veux pas le faire...

— Quoi ? Avoir un bébé ?

— Oui, et tout le reste. Je ne veux pas cet enfant. Je ne veux pas l'élever. Je veux revenir en arrière. Cela ne se passe pas comme je le croyais. Je pensais que ce serait drôle mais ça fait mal !

— Il est trop tard pour changer d'avis, Sylvia. Les bébés naissent, même si nous ne sommes pas prêtes.

Sylvia a glapi quand une autre contraction est survenue.

— Ce n'est peut-être pas le meilleur moment pour prendre une décision. Occupons-nous de la naissance d'abord, OK ?

Une infirmière nous attendait. Elle a poussé Sylvia dans une salle d'examen et m'a laissée dans la salle d'attente. Comme j'avais oublié de prendre un livre, j'ai feuilleté de vieux magazines féminins. Une heure s'est écoulée pendant laquelle j'ai fait les cent pas, trop préoccupée et nerveuse pour rester assise. Les patients allaient et venaient, mais personne ne me disait ce qu'il advenait de Sylvia. Si elle avait bel et bien eu des contractions, nous serions déjà en route pour l'hôpital, me suis-je dit. J'ai eu un choc quand Sylvia est entrée dans la salle d'attente par ses propres moyens.

— La sage-femme veut te voir, Kathy. Elle est là-bas.

Là-bas désignait un petit bureau en désordre. Une femme au téléphone m'a fait signe de m'asseoir pendant qu'elle terminait sa conversation.

— Bonjour, vous devez être la maman de Sylvia.

— Non, mais je suis responsable d'elle. Madame Harrison. Que se passe-t-il ?

— Sylvia a des contractions de Braxton-Hicks. Elles sont assez courantes le dernier mois. Je lui ai expliqué que son corps réagissait ainsi à l'arrivée d'un bébé. Elle devrait supporter la douleur sans prendre quoi que ce soit. On lui a recommandé de rester allongée mais parfois un peu d'exercice aide à tenir. J'ai discuté avec son médecin. Elle a rendez-vous avec elle mercredi. J'espère qu'elle ira bien jusque-là. Je l'ai examinée et rien ne semble imminent. Cela peut changer bien entendu. Si la situation empire, ramenez-la immédiatement. Mais je ne pense pas que le bébé soit prêt à sortir pour l'instant.

Le retour à la maison s'est passé dans la sérénité. Je crois que Sylvia était un peu gênée par son remue-ménage et je me suis dit qu'il était temps d'avoir une conversation avec elle. Au moins, nous ne serions pas interrompus dans la voiture.

— Bon, maintenant que c'est un peu plus calme, je me demandais si tu voulais discuter avec moi de tes projets. Envisages-tu toujours de garder ce bébé ?

— Je ne sais pas. Mes copines sont à la fois folles de joie et jalouses de moi. Abby et Tania sont mes deux meilleures amies. Nous nous sommes retrouvées plusieurs fois dans les mêmes familles d'accueil. Elles ont hâte d'avoir un bébé. D'après elles, l'aide sociale vous permet de prendre un appartement, un frigo et tout le reste. Mais, ensuite, je pense à la maison de Donna et je ne sais plus. Elle gardait un bébé abandonné et c'était à moi de m'en occuper. Il pleurait tout le temps, même la nuit. Il vomissait, avait la diarrhée et ce n'était pas drôle du tout.

— Prendre soin d'un bébé représente beaucoup de travail. Et plus tard ? As-tu pensé à ce que tu voulais faire de ta vie ?

Sylvia a paru embarrassée.

— J'aimerais être mannequin. Mes amies disent que je suis jolie.

J'ai préféré ne pas poursuivre sur ce sujet.

— Et le père de l'enfant ? Tu n'as jamais parlé de lui. Que pense-t-il de sa future paternité ?

— Comment le saurais-je ? a répondu Sylvia avec un petit haussement d'épaules. Je ne lui ai pas parlé depuis un moment. Je crois qu'il a déménagé en Floride avec son frère.

— As-tu envisagé une contraception ensuite ? lui ai-je demandé, un peu nerveuse.

Ce n'était pas mes affaires, mais j'espérais que si Neddy ou Angie se retrouvaient un jour dans la même position une maman aborderait le sujet avec elles. À mon avis, les personnes responsables qui s'occupent d'enfants devraient toutes se pencher sur cette question.

— Avec mon médecin, nous avons parlé de la pilule.

— Tu crois que c'est une bonne idée, Sylvia ? Tu oublies régulièrement tes vitamines. Les pilules contraceptives sont efficaces si tu les prends tous les jours sans faute.

— Je lui ai posé des questions sur le stérilet, mais elle pense que je suis trop jeune.

— J'ai une idée !

Je me suis dépêchée de poursuivre avant de perdre courage.

— Et si tu n'avais pas de relations sexuelles pendant quelque temps ? Tu pourrais attendre de trouver le garçon qui prendra soin de toi. Ensuite, tu décideras si tu es prête à construire une famille avec lui.

Sylvia m'a dévisagée, comme si je parlais une langue étrangère. Ce qui n'était pas faux.

— Kathy ! Aucun garçon ne s'intéressera à moi si on ne le fait pas.

J'ai pris une profonde inspiration avant de répondre. Angie avait un an de plus que Sylvia. Il devait être temps que nous parlions de la vie au collège.

— Ton médecin a mentionné le patch ? Au moins, tu n'auras pas à te rappeler quoi que ce soit. Ils durent trois mois.

À mon retour à la maison, j'ai découvert que tout ne s'était pas bien déroulé en mon absence. Maggie avait mordu Bruce. Daisy avait vomi son déjeuner. Crystal s'était souvenue qu'elle devait apporter des cookies à sa fête des scouts et boudait à l'étage parce que Bruce refusait de la laisser partir tant que je n'étais pas revenue. Les toilettes étaient bouchées à cause d'un gant. Les dents serrées, Bruce épongeait le sol de la salle de bains.

— Tu peux la prendre avec toi pendant que je finis ? m'a-t-il demandé d'un ton sec. J'ai peur de la quitter des yeux. Elle a jeté le gant quand j'effaçais les traces de crayon sur le mur de la chambre. Elle l'a barbouillé pendant que je pêchais une balle dans l'aquarium.

J'ai attaché Maggie sur la chaise haute où elle ne pouvait pas causer trop de dégâts. Au bout de quelques minutes, Crystal était habillée pour se rendre à sa soirée, Sylvia se préparait à manger. J'ai installé Daisy sur le canapé avec un livre, puis j'ai sorti des cookies du congélateur pour la fête. Je me suis dit qu'il valait mieux éviter Bruce pour l'instant.

Je n'avais absolument pas envie de coller les enfants dans la voiture ni d'emmener Crystal à sa soirée, mais je n'avais pas le choix. Je ne pouvais pas laisser Bruce avec Maggie. Il disposait de peu d'heures en dehors du travail pour s'occuper de la multitude de corvées que la rénovation et l'entretien d'une très vieille maison exigeaient et Maggie requérait une surveillance constante. Comme Daisy n'avait pas le courage de sortir et Sylvia besoin de repos, j'ai emmené Karen et Maggie avec moi. Au moins, la dernière serait relativement immobile dans son siège auto.

Comme notre ville était trop petite pour accueillir des scouts, nous nous étions associés avec deux autres bourgades. Crystal se liait ainsi d'amitié avec des filles d'autres écoles. Même si elle ne se plaignait jamais, je savais qu'elle détestait son statut d'enfant adoptée. Tous les élèves de sa classe étaient au courant. Cela la peinait beaucoup, surtout les jours où elle ratait une activité à cause d'une visite. Parmi les scouts, Crystal bénéficiait d'un peu plus d'anonymat. Le sujet des familles d'accueil n'avait jamais été soulevé.

Nous avons enfin trouvé la maison que nous cherchions. J'avais à peine arrêté le moteur que Crystal avait déjà ouvert sa portière.

— Merci de m'avoir accompagnée, Kathy. Tu repasses à six heures.

— Pas si vite, ma belle ! Je n'ai pas rencontré les parents de Megan. Je veux entrer et me présenter.

— Ne t'inquiète pas. Je leur dirai bonjour de ta part.

— Crystal, je te promets de ne pas t'embarrasser devant tes amies. Mais je dois t'accompagner. Je ne vais pas te déposer ainsi chez des inconnus. Je veux faire leur connaissance.

Elle ne pouvait plus me tenir tête vu que nous étions déjà au milieu de l'allée.

Une cascade de rires a accueilli Crystal à la porte d'entrée, les habituels ricanements et gloussements de gamines surexcitées. J'ai remis les cookies à la maman de Megan et lui ai tendu la main.

— Bonjour, je suis Kathy Harrison. Merci de recevoir les filles. Vous êtes plus courageuse que moi.

La femme a éclaté de rire.

— Plus courageuse ou plus folle ! Moi, c'est Judith. Mon mari, Charlie, est dans le salon en train d'installer la table de ping-pong. Vous entrez une minute ?

— Euh, merci, mais les enfants m'attendent dans la voiture. Peut-être quand je viendrais récupérer Crystal. À six heures, c'est bien cela ?

— Oui. Et merci pour les cookies.

Crystal sortait du salon, bras dessus bras dessous avec deux filles que je ne connaissais pas.

— Crystal ! Tu ne dis pas au revoir ?

Elle a paru extrêmement mal à l'aise.

— Euh… Oui… Au revoir, maman.

Elle a couru vers moi et m'a vite embrassée. Pas une seule fois au cours de l'année qu'elle avait passée avec nous, Crystal ne m'avait appelée autrement que Kathy. Pas même par accident. Il n'y avait pas d'erreur, ses yeux me suppliaient de ne pas la trahir.

— Au revoir, mon cœur. Ce sera peut-être papa qui viendra te chercher. À dix-huit heures ! Amuse-toi bien !

Elle m'a lancé un grand sourire.

— D'accord !

Les noms sont importants. Ils donnent des informations sur qui nous sommes et sur ce que nous représentons aux yeux des autres. Les relations entre enfants et parents en famille d'accueil sont floues. J'agis comme une vraie mère avec son enfant. J'essuie des fesses sales, des nez qui coulent, et je ne mets jamais de gants parce que les mamans ne portent pas de gants quand elles lavent leurs petits. J'aide aux devoirs, punis celui qui fait des siennes, prépare des gâteaux d'anniversaire... Je me rappelle que Francesca aime les raisins secs dans ses céréales, que Carlos a peur des araignées. J'accepte les compliments quand l'un de mes enfants a marqué un but, comme si j'avais un rôle dans sa réussite. Mais je sais et, plus important, l'enfant sait que je ne suis qu'une doublure. Je fais l'affaire jusqu'à ce que la vraie mère réapparaisse. Parfois, je ressens de la jalousie. J'ai mal au cœur quand un enfant qui m'a donné du fil à retordre pendant des mois fabrique pour sa mère, la vraie, celle qui ne prend pas la peine de lui rendre visite, une carte pour la fête des mères et oublie d'en fabriquer une pour moi. Je le comprends mais je ne suis pas obligée d'apprécier. Là, j'ai eu l'impression que Crystal m'avait donné un cadeau. Elle m'avait fait confiance et cela n'avait pas de prix.

Bruce était de bonne humeur quand je suis rentrée à la maison. Daisy et Sylvia avaient dormi et il avait pu réparer un problème électrique ennuyeux dans la cave. J'ai mis le dîner dans le four, nous nous sommes servis du vin et assis sur la terrasse pour la première fois depuis l'automne.

Nous avons discuté de notre journée, partagé les histoires de Maggie.

— Elle est dure, tu ne trouves pas ? ai-je commenté.

— Oh que oui ! Tu pourras t'en occuper ? Elle n'ira à la maternelle qu'en septembre et ils ne la prendront pas si elle n'est pas propre.

— Même dans ce cas, je crois qu'ils la placeront avec ceux qui ont des besoins particuliers. Elle ne parle absolument pas. Je t'ai dit que j'avais eu son assistante sociale au téléphone hier ? Ils ont attribué son dossier à Cecilia Ryan. Ils prennent son cas au sérieux, on dirait. La justice s'en mêle lundi.

Tous les frères et sœurs de Maggie seront bons pour l'adoption.

— Je croyais qu'ils devaient attendre six mois et permettre aux parents d'utiliser certains services ?

— C'est ce qu'ils font d'habitude. Mais il paraît que les parents ont déjà perdu deux gamins il y a huit ans pour les mêmes raisons. Cette fois-ci, il n'est pas question d'attendre. Je me débrouillerai jusque-là. Dans un sens, elle est assez mignonne.

Bruce m'a lancé un regard sceptique.

— Tu plaisantes ?

— Je ne sais pas. Tu dois lui attribuer un certain mérite. Faire face à des adultes comme nous et ne pas céder d'un pouce ! Moi, je n'en serais pas capable. J'aurais été terrifiée à trois ans, ou bien j'aurais fait le poirier pour que les gens m'aiment. D'un côté, c'est touchant.

— Si tu le dis. Elle doit prendre un bain ce soir. Elle sent vraiment mauvais.

— Tu es volontaire ?

— Non, m'a répondu Bruce. C'est ton département. Et puis j'ai déjà été mordu une fois aujourd'hui. À ton tour.

— As-tu remarqué quelque chose ? lui ai-je demandé. Nous discutons depuis vingt minutes et aucun de nous n'a mentionné le syndrome de la Tourette. Ce doit être bon signe. Je n'y pense plus toute la journée et j'ai de nouveau l'énergie nécessaire pour réfléchir aux autres parties de ma vie.

Plus tard, Bruce est parti chercher Crystal avec la recommandation de ne rien dire si elle l'appelait papa. De mon côté, j'ai décidé de donner un bain à Maggie. Elle n'était pas la première à refuser de se laver. Plusieurs de mes enfants avaient été maltraités, voire violés dans une baignoire ; on leur avait maintenu la tête sous l'eau, on les avait obligés à s'asseoir dans une eau trop chaude ou trop froide. D'autres n'avaient jamais vu une baignoire de leur vie. Quand les gens parlent de pauvreté dans des pays lointains, je me demande s'ils savent que, dans leur propre ville, certains camarades de classe de leurs enfants chéris considèrent le savon et l'eau chaude comme un luxe.

Il a fallu attraper Maggie, une fillette à la fois rapide et déterminée. Si je devais m'arrêter prendre un pyjama ou attraper le shampooing, je la perdais. La pourchasser dans la maison était une corvée qui ne m'intéressait pas après une longue journée. J'ai donc fait couler un peu d'eau dans la baignoire et cherché dans mes tiroirs de nouveaux jouets : un batteur à œufs, un entonnoir... Toutes mes tasses graduées et mes cuillères à mesurer avaient si souvent pris le chemin de la baignoire que j'aurais dû casser ma tirelire et en racheter pour les enfants.

J'aurais aimé qu'une autre fille se baigne avec Maggie mais aucune n'était disponible. Elle commençait à s'intéresser aux activités des autres et un peu de compagnie aurait pu alléger ses craintes. Cependant Crystal était trop âgée. La puberté approchant, elle préférait dorénavant les douches. Comme Karen avait développé un certain nombre de tocs qui accompagnent en général le syndrome de la Tourette, elle aurait souffert le martyre. Daisy ne se serait pas plainte mais, après ce qu'elle avait subi, il était hors de question de la déshabiller devant les autres. D'ailleurs, j'insistais beaucoup sur son droit à l'intimité. Au final, il ne restait plus que moi pour aider Maggie à se baigner et je ne gagnerai rien en remettant les choses à plus tard.

Attirer Maggie dans la salle de bains a été un vrai défi. Elle ne venait pas quand je l'appelais, ne me prenait pas la main pour s'y rendre. Je n'étais même pas sûre qu'elle ait compris ce que j'attendais d'elle, puisqu'elle répondait à mes sollicitations par un regard vide ou par des cris d'orfraie. Cette fois-ci, c'était le regard fixe. Heureusement parce que ses hurlements auraient brisé les miroirs.

— Nous allons dans la salle de bains, Maggie, ai-je décrété. Tu marches toute seule ou tu veux de l'aide ?

Maggie est demeurée aussi immobile qu'une statue, ses mains potelées refermées en poings, les lèvres pincées. Je me suis penchée et l'ai regardée droit dans les yeux.

— Maggie, parfois, quand quelque chose de désagréable doit se passer, il vaut mieux en terminer le plus rapidement possible. Nous allons dans la salle de bains. Tu marches ou je te porte ? Réponds-moi ?

Mon pari était risqué. J'ignorais si je pouvais descendre l'escalier avec elle si elle piquait une crise.

Elle n'a pas cillé. Je n'avais donc pas le choix. J'avais posé les limites et je devais poursuivre. Je l'ai attrapée tel un rugbyman ; elle a essayé de se tortiller et de se débattre, mais je la maintenais avec fermeté sous mon bras.

— Désolée, ma chérie, mais je t'ai donné ta chance.

— Marcher !

Le mot était râpeux mais clair et sonore.

— Tu veux marcher ? ai-je demandé sur un ton nonchalant, alors que je criais de joie à l'intérieur.

Un vrai mot !

— OK, marche !

Je l'ai posée par terre et ai mis les poings sur les hanches. Et elle a marché. D'un pas vif, le regard noir, s'assurant de rester à un mètre de moi, mais elle a marché.

Quand nous avons atteint la salle de bains, elle a hésité avant d'entrer. Jusqu'à présent, je l'avais changée, habillée, et nettoyée dans sa chambre. Elle n'était jamais entrée dans la salle de bains sauf pour mettre la pagaille avec le gant de toilette.

— Même proposition, Maggie. Tu vas enlever tes habits. Tu le fais toute seule ou je t'aide. Que préfères-tu ?

— Moi.

— D'accord.

Et elle s'est déshabillée. Puis elle s'est tenue devant moi, nue, les bras croisés sur la poitrine, le regard glacial.

Je me suis penchée au-dessus de l'eau et ai joué avec le fouet à œufs.

Maggie était une petite chose fière et courageuse qui détestait se montrer intéressée. Ce qu'elle était pourtant.

— Tu veux essayer ? lui ai-je demandé en agitant le fouet dans l'eau savonneuse.

Son hochement de tête a été si léger que je ne l'aurais pas remarqué si je n'y avais pas prêté attention.

— Là. Tourne comme ça. Tu vois les bulles ? Regarde ! Tu as créé un typhon !

Maggie actionnait le fouet avec maladresse. Elle n'avait évidemment pas l'habitude de ce genre de jeu mais elle m'a impressionnée quand elle est parvenue à fouetter l'eau. Puis elle a repéré l'entonnoir et l'a examiné sans se rendre compte qu'il était plein d'eau.

— Oups ! Tu en as plein le visage ! Et si tu grimpais dans la baignoire ! Cela n'aura plus d'importance si tu te mouilles !

Elle n'a pas sauté dans l'eau avec enthousiasme mais a tout de même testé sa température du bout de l'orteil. Puis, avec précaution, elle a passé l'autre pied pardessus le rebord. Elle a trembloté quelques secondes avant de s'asseoir dans l'eau peu profonde.

— Ce n'est pas si mal, hein ? Moi, j'adore le bain. J'aime jouer dans l'eau et, quand je sors, je suis propre et je sens bon, lui ai-je déclaré doucement tout en lui savonnant le dos.

Comme elle ne se rebellait pas, je lui ai frotté les bras, puis les jambes.

L'eau a été grise en un rien de temps. Sans geste brusque, j'ai vidé l'eau sale avant de la remplacer. Ce mouvement inattendu l'a paralysée. Je n'avais jamais rencontré une enfant aussi vigilante. Aussitôt, j'ai repris mon monologue sur l'eau, le savon, puis j'ai félicitée Maggie. Ensuite, il a fallu s'occuper de ses cheveux crasseux. Je n'en avais jamais vu d'aussi sales de ma vie et, pourtant, j'avais croisé des têtes dégoûtantes. Son crâne était recouvert d'une croûte noire qui descendait derrière ses oreilles. Lentement, j'ai mouillé ses cheveux sans verser d'eau sur elle, puis je les ai savonnés avec du shampooing pour bébé que j'ai laissé reposer pour dissoudre la crasse durcie. Elle n'avait plus parlé depuis qu'elle était entrée dans l'eau. Je me demandais ce qu'elle pourrait dire, maintenant que la glace était brisée.

— On t'a déjà lavé les cheveux, Maggie ?

Elle a hoché la tête mais j'ai fait exprès de détourner le regard.

— Je suis désolée, Maggie. Je n'ai pas entendu. Qu'as-tu dit ?

J'ai attendu sa réponse. Parfois être parent est une question de bon timing.

— Oui, lavé.

Incroyable, deux mots prononcés à voix basse mais avec clarté ! Je devais avoir un sourire idiot aux lèvres, ravie par cette victoire pas si petite que cela.

Il a fallu trois lavages avant que le cuir chevelu de Maggie ait l'air propre. Le temps passé dans le bain a aussi permis de détremper les saletés accumulées sous ses ongles et ses pieds. Quand je l'ai enfin sortie de l'eau, elle était propre comme un sou neuf. Comme les autres filles construisaient un château en briques et que Sylvia était occupée, j'ai pris mon temps. Quinze minutes plus tard, Maggie pouvait se vanter d'une nouvelle coupe de cheveux et même de dents brossées. Enfin elle avait l'air mignonne. Maggie n'était toujours pas jolie – il faudrait plus qu'un bain pour la rendre belle – mais elle ressemblait à une fillette de son âge, ce qui était une réussite. Toutefois le vrai changement ne venait pas du bain ou de sa coupe de cheveux, mais de son expression. Pour la première fois depuis son arrivée, Maggie souriait.

8

— Je vous présente les magnifiques princesses !

Karen, Daisy et Maggie virevoltaient dans le salon avec leurs parures achetées en friperie et leurs couronnes en papier aluminium. Elles composaient un trio inhabituel d'altesses royales. Maggie, petite et carrée, portait une espèce de combinaison en synthétique, une ceinture léopard et un corsage mauve et brillant à volants, et pas moins d'une demi-douzaine de colliers en perle. Karen avait emprunté sa tenue à l'un des ballets des aînés – mélange étrange de tulle et de paillettes embelli par un boa en plumes. Aussi charmantes que ses deux comparses, Daisy leur volait néanmoins la vedette. Elle était parvenue, à l'aide d'une grande épingle de nourrice, à se composer une jupe avec ce qui devait être la robe de mariée rose la plus laide au monde. Comme haut, elle portait un déshabillé noir assez chic. Elle avait préféré à la couronne un chapeau en velours plus seyant agrémenté de grosses fleurs hideuses. Les trois filles arboraient tellement de bijoux fantaisie qu'on se demandait comment elles pouvaient marcher. Je pense que les types de l'Armée du Salut devaient être ravis de se débarrasser de cette camelote tout en s'interrogeant sur mes goûts.

Bruce et moi assistions à un spectacle unique en milieu de semaine. Il était en vacances et les filles entamaient celles d'été.

Beaucoup de choses avaient changé en quelques mois. Crystal ne vivait plus avec nous. Elle faisait partie de ces enfants placés dont la relation avec la mère biologique ne se dégradait pas. Son assistante sociale ne pouvait justifier sa présence parmi nous plus longtemps. Le dernier jour d'école, Crystal avait donc emballé ses affaires et était retournée chez elle. Son départ lui laissait un goût doux-amer. Elle aimait sa mère et appréciait la vie à ses côtés, moins rigide que chez nous, plus spontanée, peut-être plus drôle, car plus excitante et plus dangereuse d'une certaine manière. Mais elle serait aussi moins prévisible. Les repas et l'heure du coucher auraient lieu quand ils auraient lieu. Personne ne s'assurerait que ses devoirs étaient terminés. Il n'y aurait plus de scouts ni de catéchisme. Le patin à glace et la luge seraient remplacés par des après-midi au centre commercial. Patricia faisait une drôle de grande sœur, dont Crystal n'avait pas besoin. J'avais peur que ce ne soit pas la dernière fois que Crystal séjournerait dans une famille inconnue.

Sylvia était partie elle aussi. On l'avait acceptée dans un programme de jeunes mères célibataires et elle avait donné naissance à un garçon une semaine plus tard. Je lui avais rendu visite à l'hôpital peu après son accouchement. Bien que groggy à cause des analgésiques, elle était folle de joie à l'idée d'être mère. Son allégresse a duré jusqu'à ce que la réalité s'installe. Quand le petit a eu un mois, Sylvia n'en pouvait déjà plus de jouer à la poupée. J'étais contente pour le bébé, qui méritait une mère adulte. Cependant, je m'inquiétais pour Sylvia. Et si son passé l'avait rendue irresponsable vis-à-vis de la maternité ?

Maggie, la fillette dont nous avions eu dû mal à nous occuper, était devenue la chouchoute de la famille. Têtue, grincheuse, exigeante sur la texture de ses chaussettes ou la température de sa nourriture, elle nous lançait constamment des défis. J'ignore comment elle se débrouillait dans une famille qui s'accommodait du minimum vital. Je me dis qu'elle se refermait sur elle-même quand la situation devenait trop chaotique. Mais dans un environnement favorisé qui s'adaptait à l'originalité de chacun de ses membres, elle prospérait et apprenait à une vitesse fascinante. La deuxième semaine, quand elle a découvert que manger avec les mains signifiait le retrait de son assiette, Maggie a bataillé pour apprendre l'art de se servir d'une fourchette et d'une cuillère. Le plus grand changement est survenu au niveau de ses yeux. Un cache et des lunettes ont permis d'aligner son œil vagabond. La différence a été spectaculaire ; non seulement elle voyait, mais les lunettes lui donnaient un air adorable et studieux. Le vilain petit canard s'était transformé en cygne.

Daisy a continué son ascension. Elle avait un don insoupçonné pour le théâtre. On lui devait une quantité de sketchs impromptus. Elle travaillait remarquablement bien à l'école, était capable de suivre les cours de CP et demandait de l'aide seulement quand elle peinait à formuler sa pensée. Bien que la nourriture fût toujours un problème, elle mangeait mieux et avait pris trois kilos.

Elle parlait très rarement de la vie avec Frank. À mon avis, Daisy ne m'avait pas tout dit. Si j'avais bien appris une chose sur les abus sexuels, c'est que les enfants gèrent ce qu'ils sont prêts à gérer, au moment où ils ont les ressources pour faire face. Les visites chez Sandra se déroulaient dans de meilleures conditions. Daisy était restée la nuit et même un long week-end. Je me demande maintenant s'il y aurait eu plus de visites si j'avais insisté.

Les parents nourriciers ont souvent plus de contrôle sur ce genre de chose qu'on ne le croit. Une assistante sociale supervise parfois vingt-cinq familles. Nombre de leurs enfants sont placés. Entre la supervision, le transport, les sessions au tribunal et à l'hôpital, les tentatives d'accès aux services comme l'aide au logement ou à la santé mentale, sans compter l'interminable paperasserie, les travailleurs sociaux ont peu de temps à consacrer à la gestion des cas simples. Parfois un parent nourricier vigilant peut contribuer à l'avancement des choses.

Or, cette fois-ci, je n'ai pas été vigilante. Je n'ai jamais appelé Sandra pour lui suggérer une visite ou tenter de l'impliquer dans la vie de Daisy plus que nécessaire. Je détestais que Daisy découche. J'avais l'impression qu'il me manquait un bras en son absence.

Cela arrive et je ne connais personne qui peut l'expliquer. Un enfant passe votre porte et il vous appartient. Le plus bizarre, c'est que vous n'auriez pas parié sur ce gamin. Ce n'est pas le plus mignon, ni le plus intelligent ni le mieux élevé. Souvent, il s'agit de celui qui a le plus de besoins, qui demande le plus de temps. Parfois, on a l'impression de tomber amoureux. Alchimie inexplicable.

Et puis il y a Karen. Malgré ses tics, ses obsessions et ses tocs, elle était heureuse. Les trois fillettes s'accordaient à merveille. Si l'école ressemblait parfois à un défi, notre foyer avait tout du refuge. Là, personne ne se moquait de leur comportement.

Deux nouveaux enfants nous avaient rejoints, deux magnifiques Afro-Américains, le frère et la sœur. L'aîné, Jamal, avait deux ans. La fillette, Lisa, venait de naître. La maison était bien remplie, avec Jamal qui avait l'énergie d'une centrale électrique et le bébé cocaïnomane qui pleurait tout le temps. J'espérais ne pas les garder longtemps. Ils coûtaient cher en heures de présence et je ne pouvais pas délaisser les autres. Toxicomane, leur mère n'avait pas donné signe de vie depuis leur placement. Je savais qu'on leur cherchait une famille adoptive prête à les accueillir.

Bruce et moi étions installés dans le canapé pour assister au spectacle des filles quand le téléphone a sonné. Je nourrissais Lisa et Jamal se tortillait sur les genoux de Bruce.

— Il est quatre heures, Kathy. Tu ne vas pas répondre ?

— Ne t'inquiète pas. J'ai déjà une dérogation pour ces deux-là. Les services sociaux ne vont pas me confier un autre enfant.

— Salut, Kathy, c'est Évelyne ! Tu es assise ?

Ce n'était pas le style de l'assistante sociale de Daisy.

— Je suis assise. Que se passe-t-il ?

— Sandra vient d'appeler. Elle annule le placement volontaire. Elle veut que Daisy fasse ses valises et soit prête à partir vendredi.

Mon estomac a fait un méchant gargouillis.

— Elle a le droit ?

J'essayais de rester calme, mais ma voix m'a trahie. Les filles ont arrêté leur ronde.

Elles étaient trop vigilantes pour ne pas remarquer mon trouble.

— On était d'accord depuis le début, Kathy. Sandra fait ce qu'elle veut.

— Il a dû se passer quelque chose. Elle ne m'en a rien dit. Je la vois toutes les semaines.

Soudain, je me suis rendu compte que Daisy comprendrait qu'on parlait d'elle si je ne la distrayais pas.

— Les filles ! Il fait trop beau pour rester à l'intérieur. Allez vous habiller. Il fait frais, mettez vos pulls. Nous allons promener le bébé.

Réclamations en cascade.

— La première qui descend aura le premier tour de poussette.

Aussitôt, elles ont filé à l'étage et j'ai repris le combiné.

— J'ai fait quelque chose ? Elle n'est pas contente de nous ?

— À vrai dire, je crois qu'elle est trop contente de vous.

— Pardon ?

— Elle serait plus heureuse si elle manquait un peu plus à Daisy. C'est difficile de t'arriver à la cheville.

— Arrête ton char. Elle a fini d'être débordée et veut redevenir maman ? On se dit au revoir et tu me confies une autre enfant ?

— C'est ainsi qu'une famille d'accueil fonctionne, Kathy. La garde ne dure pas jusqu'à la fin des temps parce que tu t'es entichée de l'enfant. Excuse-moi de te dire ça, mais cette histoire ne te concerne pas. Elle concerne Daisy.

Mon visage s'est enflammé. Ses mots me faisaient mal parce qu'ils reflétaient la vérité. J'avais laissé mes sentiments pour Daisy brouiller mon jugement. Je ne me préoccupais plus de son intérêt à elle. Évidemment, elle devait retourner chez elle. J'ai alors compté sur mes doigts les sept mois que Daisy avait vécus chez nous. Où avaient-ils filé ?

— Que fait-on ensuite ?

— Toni Tonelli continuera de voir Daisy. Selon elle, Daisy n'est pas prête à témoigner sur les abus sexuels qu'elle a subis. Sandra a rejoint un groupe de mères dont les enfants ont été maltraités. La vie continue. Tu en verras d'autres, Kathy.

Elle voulait se montrer gentille, mais j'étais trop contrariée pour la remercier.

— Il n'y aura pas d'autre Daisy.

Bruce ne m'a pas posé de questions sur notre conversation. C'était inutile. Il est venu s'asseoir contre moi dans le canapé, Lisa nichée entre nous. Au bout d'un moment, j'ai allongé Lisa dans un nid d'ange en m'efforçant de ne pas la réveiller. Maggie est descendue la première, talonnée par Karen. Les filles portaient une salopette sur un T-shirt et avaient un pull à la main.

— Et Daisy ? ai-je demandé, vu que celle-ci n'apparaissait pas. Le bébé va bientôt avoir trop chaud.

— J'arrive, a-t-elle répondu.

Je suis restée bouche bée quand elle est entrée dans le salon.

— Daisy, mon cœur, qu'est-ce que tu portes ?

— Mes pulls.

— Tous ?

— Tu as dit : « Les filles, mettez vos pulls », alors j'ai mis mes pulls. Mais j'ai très chaud. Pourquoi Karen et Maggie n'ont pas mis les leurs ?

Daisy faisait la moue. Elle avait l'air si drôle avec ses quatre pulls superposés, si bien qu'elle ne pouvait pas baisser les bras. Le premier était un vieux truc orange vif que je gardais pour un prochain Halloween. J'ai déposé Lisa dans les bras de Bruce et ai serré Daisy dans mes bras.

— Tu as raison, c'est ce que j'ai dit. Parfois, je ne réfléchis pas. En fait, je me suis mal exprimée. Je voulais dire : « Montez mettre un pull. » Excuse-moi. On en garde un et on va se promener, d'accord ?

J'écris beaucoup sur le départ des enfants et le deuil, parce que c'est tout ce qu'il reste en leur absence. J'écris moins sur mes réflexions, bien que je repense à toutes les erreurs que j'ai commises. Je me souviens des moments où je m'emporte facilement, suis moins patiente, dédaigne les états d'âme d'un enfant. Au milieu d'une journée bien chargée, il est facile de justifier ces instants, mais du linge en retard n'est pas une excuse pour ne pas écouter un enfant qui a besoin de parler. Sept mois dans une famille représente une longue période pour tarder à s'occuper d'une souffrance aussi grave qu'un abus sexuel. Mis à part le soir où j'ai découvert les dessins, Daisy ne m'a jamais confié d'autres informations sur son expérience. Elle n'a jamais abordé le sujet, jamais rejoué la scène avec ses poupées, jamais dessiné d'autres preuves de son martyre. Tandis que j'emballais ses affaires, je me suis demandé si je n'avais pas raté quelque chose d'important parce que j'avais trop de choses en tête. Avait-elle tenté de me parler ? Et si je n'avais pas pris le temps de l'écouter à ce moment-là ? Ne pas savoir me rongeait chaque fois que je trouvais une chaussette ou un livre à elle sous son lit. Ces ruminations n'étaient qu'une excuse pour gémir sur mon sort. Si je passais mon temps à chercher en vain des occasions perdues, je n'aurais peut-être pas à penser à ma vie sans Daisy.

Bruce et moi lui avons annoncé son départ le soir même. Nous avons essayé de le lui présenter comme un moment joyeux, synonyme de fête, mais nous ne trompions personne et certainement pas Daisy.

— Tu vas nous manquer, Daisy. J'espère que ta maman nous laissera appeler et venir te voir de temps en temps.

Les mots se coinçaient en travers de ma gorge.

— Jazzy ne vient pas. Tu as dit qu'elle passerait, mais ce n'est pas le cas.

Daisy avait raison. Nous pensions que Jazzy nous rendrait plus souvent visite. Les rares fois où elle était venue après son adoption s'étaient mal déroulées. Elle avait hurlé au moment de partir et refusé de monter en voiture pour retourner chez elle. Ses parents avaient décidé que les visites étaient trop pénibles pour elle et que nous n'aurions plus de contact jusqu'à ce qu'elle soit à l'aise et heureuse chez eux. Malheureusement, elle avait encore des difficultés à s'adapter. Elle ne dormait pas bien et piquait des crises tous les jours. Je parlais souvent aux Hamilton. Ils s'étaient attachés à Jazzy, mais paraissaient tendus. Après six mois, ils se demandaient toujours si elle s'adapterait un jour à eux.

J'ai pris Daisy dans mes bras. Son corps paraissait encore si fragile contre moi, comme si je risquais de la casser en le serrant trop fort.

— Je ne t'oublierai pas, Daisy. Même si je ne te vois pas, je penserai toujours à toi.

J'ai consacré les jours suivant à préparer le départ de Daisy. J'ai empaqueté ses habits, ses livres, ses jouets. J'ai demandé le transfert de son dossier scolaire et pris rendez-vous pour sa pesée mensuelle. Parmi les préparatifs, je lui ai appris à appeler en PCV. Je devais la renvoyer chez elle, mais rien ne m'interdisait de lui offrir un filet de sécurité.

Les adieux ont été éprouvants. Karen et Daisy sont restées collées jusqu'à ce que je doive les séparer. Bruce a tenté de demeurer stoïque ; s'il s'était mis à pleurer, j'aurais craqué. Néanmoins, il a étouffé un sanglot quand il l'a prise une dernière fois dans ses bras. Même les ados, habitués aux allées et venues d'enfants, n'ont pas pu prendre son départ à la légère.

J'ai donc ramené Daisy auprès de Sandra. Évelyne l'aurait fait, mais j'ai décliné son offre. Comme Bruce se trouvait à la maison pour s'occuper des enfants, j'ai pu l'accompagner seule. Le voyage s'est déroulé dans le calme. Daisy avait posé la tête contre la fenêtre et suivait du doigt le chemin tracé par les gouttes de pluie sur la vitre. Elle n'avait pas envie de parler et je m'en félicitais. Certaines tristesses sont trop grandes pour qu'on leur appose des mots. J'avais fait si peu pour Daisy. À présent, elle avalait du jus de pomme, savait se servir d'un mouchoir et se lavait les dents. Son projet éducatif fonctionnait. Mais, pour les événements plus importants de sa vie, comme demander justice, je ne serai pas là.

Évelyne avait raison, bien entendu. La vie continuait mais la douleur demeurait. Puis elle a empiré, s'est intensifiée parce que nous n'avions aucun moyen de prendre des nouvelles de Daisy. Bruce était désemparé. Quand elle vivait avec nous, je n'avais jamais réalisé à quel point elle était devenue importante dans nos vies. Pas un jour ne passait sans qu'il m'appelle pour savoir si j'avais du nouveau. À l'église, quand nous avions l'occasion de demander une prière spéciale pour des êtres aimés, Bruce inscrivait le nom de Daisy.

Un jeune couple assez détestable avait été choisi pour adopter Jamal et Lisa et a commencé à nous rendre visite tous les jours. Tim et Janet Washington n'avaient pas d'enfants et je pense que Jamal les effrayait avec son énergie et son petit air présomptueux. Ils ont paré avec une approche punitive à la moindre infraction aux règles. Jamal était grand pour un garçonnet de deux ans et je pense qu'ils attendaient trop de lui. Les deux parents étaient fous de Lisa. Je voyais là un problème affectif potentiel. Maman en particulier était encline à préférer la petite. D'ailleurs, Jamal communiquait de moins en moins avec elle au fil des jours. Quand le schéma a été trop évident pour être ignoré, j'ai téléphoné à l'assistante sociale qui s'occupait des enfants. Il a fallu quatre jours à Claudia McPherson pour me rappeler.

— Kathy, vous vous montrez un peu critique, a été sa réponse à mes appréhensions. C'est un jeune couple. On ne peut pas leur demander d'être des parents modèles.

— Je ne les critique pas, je suis juste inquiète. J'espérais que vous leur parleriez de leur manière de traiter Jamal. Je ne le connais pas bien, mais Bruce et moi trouvons qu'il réagit mieux aux encouragements qu'aux punitions. Ils le fâchent souvent pour les bêtises que font habituellement les enfants de son âge. À deux ans, on est brouillon, bruyant, débordé. Et Jamal a déjà traversé pas mal d'épreuves. Il est angoissé de naissance et l'obliger à s'asseoir pendant cinq minutes à chaque fois qu'il court dans la maison ne risque pas de l'aider.

— Écoutez, je veux que ces enfants soient adoptés par une famille afro-américaine et les Washington sont le seul couple noir sur notre liste d'attente prêt à accueillir deux enfants. Je ne vais pas saboter un placement parfait à cause de vos doutes.

Claudia comptait parmi les rares assistantes sociales que je n'aimais pas et, à mon avis, cette mésestime était réciproque. Elle me considérait comme une fouineuse. Je la voyais comme une fainéante qui préférait m'appeler après une visite que prendre le temps de superviser la rencontre elle-même. Lors des rares occasions où elle se montrait, elle ne cessait de se plaindre : son emploi du temps surchargé l'empêchait d'effectuer des visites, etc., etc. Je ne compatissais pas beaucoup. Si les gens qui se plaignent que le temps file trop vite arrêtaient de geindre et se mettaient au travail, leur problème serait vite réglé. Mais j'aimais bien râler contre Claudia. Car je ne m'inquiétais pas pour Daisy pendant ce temps.

Deux semaines se sont écoulées sans nouvelles de Sandra. J'ai téléphoné plusieurs fois et suis toujours tombée sur la messagerie. Personne ne m'a rappelée et je n'ai pas insisté, même si j'ai continué d'interroger Évelyne. Elle non plus n'avait plus entendu parler de Sandra. Officiellement, le cas était clos, à moins que Sandra requière ses services. Sinon, Évelyne n'avait pas le droit d'intervenir.

— Laisse tomber, me disais-je au cours des semaines suivantes. Tu lui as donné ce que tu avais à lui donner. Il est temps de tourner la page.

Certains jours, je suivais mes propres conseils.

L'hiver précédent avait été rude. La neige formait d'épaisses congères, le verglas couvrait les chaussées, la température avoisinait zéro. Bruce s'inquiétait du nombre d'heures que je passais sur les petites routes avec une demi-douzaine de gamins dans la voiture. À de nombreuses occasions, un geste d'inattention aurait pu me laisser en panne à plusieurs kilomètres du téléphone le plus proche. Je gardais un kit d'urgence bien approvisionné dans le coffre, mais je me sentais néanmoins très vulnérable. Dès qu'ils sont arrivés sur le marché, Bruce a acheté un téléphone pour le minivan. Nous n'avions pas pensé que l'isolement, qui nous empêchait de recevoir la télé et la radio correctement, dérangerait également l'usage du téléphone de voiture dans une grande partie de la région. Résultat, cette horreur noire, silencieuse et inutile ne servait qu'à une chose : poser mes gants. Je l'utilisais tellement rarement que, la première fois où il a sonné sur le parking du supermarché, j'ai été si surprise que je ne savais plus comment décrocher. J'ai tâtonné, appuyé sur tous les boutons et maudit l'appareil.

— Allô ? ai-je enfin répondu, énervée.

— Ça marche !

— On dirait... Tant que je n'ai pas à quitter le parking, je peux te parler des heures. Pourquoi tu appelles ?

— Tu rentres directement à la maison après les courses ?

— Non, je dois acheter des fournitures scolaires et un sac à dos pour Maggie. Un problème ?

— J'ai reçu un appel des urgences sociales. Ils viennent de récupérer Daisy à l'hôpital. Ils aimeraient savoir si on veut la prendre.

9

— Tu n'as pas fait les courses ? m'a demandé Bruce quand je me suis garée dans l'allée trente minutes après son appel.

— Tu me connais par cœur.

— Oui. Je n'aurais peut-être pas dû t'appeler. L'assistante sociale va ramener Daisy chez elle pour prendre ses affaires avant de la conduire ici, donc tu avais tout le temps.

— Que s'est-il passé ? Pourquoi était-elle à l'hôpital ?

— Sandra l'a emmenée aux urgences en disant que Daisy était incontrôlable. Elle voulait qu'on la place en psychiatrie et qu'on lui administre des médicaments. Je pense que Daisy a frappé Sandra et a grimpé sur les meubles, telle une folle à lier. Quand Sandra a raconté au personnel hospitalier que Daisy avait passé les derniers mois dans une famille d'accueil, ils ont appelé les services sociaux. Comme Évelyne est absente jusqu'à lundi, ils ont envoyé une autre assistante qui s'est souvenue de Daisy et de nous. Cette femme m'a aussitôt appelé. Je lui ai dit que nous prendrions Daisy le week-end et déciderions avec Évelyne de la suite.

— Comment Sandra l'a-t-elle conduite à l'hôpital ?

— En ambulance. Tu le crois ?

Ma pauvre Daisy, qui avait si peur des hôpitaux et des sirènes… Elle devait forcément avoir l'air d'une folle en arrivant aux urgences. Si une infirmière compétente n'avait pas appelé les services sociaux, aucun doute que Daisy aurait été internée.

— Ne lui demandons rien, ai-je suggéré. Accueillons-la simplement et laissons-la parler quand elle sera prête. Je lui prends rendez-vous avec Toni lundi. Pour l'instant, il faut qu'elle se sente en sécurité quelque part.

À quoi m'attendais-je quand la voiture s'est garée dans notre allée ? Cette enfant venait de passer à la moulinette psychiatrique, avait été affolée par les sirènes, l'hôpital, les hommes en blanc, sans compter ce qu'elle avait dû subir auparavant. C'était suffisant pour faire basculer la santé mentale d'un enfant parfaitement normal. Je ressentais donc de la désorganisation, de la confusion et de la peur.

La voiture était à peine arrêtée que Daisy a bondi au-dehors. Elle n'a pas couru dans l'allée, mais volé jusque dans mes bras. Elle m'a fait l'effet d'une plume que j'ai fait virevolter autour de moi avant de la serrer fort contre moi.

— Ma puce ! Bienvenue à la maison !

— Pourquoi tu ne m'as jamais appelée ? Tu avais promis.

Son ton n'avait rien d'accusateur.

— Nous avons tenté de te joindre de nombreuses fois mais tu devais être sortie. Tu n'as pas eu mes messages ?

— Maman a dit que tu étais trop occupée avec les nouveaux enfants pour me téléphoner. Elle a dit que tu n'avais pas le temps de me parler.

— Je n'ai jamais eu le temps pour toi, Daisy ?

Elle m'a souri et a secoué la tête. Quelle triste mine ! De profonds cernes foncés lui encerclaient les yeux, comme si elle ne dormait plus et son teint était d'une pâleur inquiétante. Elle avait les cheveux si fins et si clairsemés que je me suis demandé si elle ne se les arrachait pas à nouveau. Elle semblait aussi mal en point que l'hiver précédent, quand nous l'avions accueillie.

— Bruce et moi devons parler à l'assistante sociale, mon cœur. Tu veux bien monter voir Karen ? Je lui ai dit que tu revenais. Elle est en train de préparer ta chambre. Tu lui as tellement manqué.

Daisy a couru dans la maison comme si elle ne l'avait jamais quittée. Je n'ai vu aucune des émotions auxquelles je m'attendais. Elle ne paraissait ni bouleversée, ni triste, ni en colère. Il y avait quelque chose d'étrange dans ce comportement.

Après avoir entendu de nouveau la scène de l'hôpital, j'ai laissé Bruce avec l'assistante et ai rejoint les filles. J'entendais leurs voix douces tandis que je montais l'escalier. Je ne comprenais pas les mots, juste le ton, qui suggérait une enfant en détresse et une autre qui la réconfortait. J'ai hésité à les interrompre, mais ma curiosité a eu le dessus.

La porte de la chambre était légèrement entrebâillée. J'ai frappé doucement avant d'entrer.

— Coucou ! Les filles ! Je peux entrer ?

Daisy était recroquevillée sur le lit pendant que Karen, nichée contre elle, avait passé un bras protecteur autour de ses épaules. Elle se sont tues quand je suis entrée mais n'ont pas bougé. Les gens se posent des questions, je le sais. Ils croient que je suis folle de consacrer mes journées à des enfants qui sentent mauvais, mangent avec les doigts, nous racontent des choses qu'on ne devrait pas savoir. Moi aussi il m'arrive de me poser des questions. Les jours où les enfants s'agitent sans cesse, où le linge s'accumule, où je ne parle à personne qui mesure plus d'un mètre, je médite sur la vie et pense à la tranquillité d'une salle de classe, où à la fin des cours et au mois de juin qui arrivent toujours. Mais j'aime des instants tel que celui-ci, car ils me permettent de me rappeler pourquoi je suis là.

Nous avons passé le restant de la journée à nous organiser. Jusqu'à ce que Jamal et Lisa nous quittent pour de bon, je dépassais mon nombre autorisé d'enfants. Comme Angie et Neddy n'avaient pas encore dix-huit ans, elles comptaient parmi le nombre d'enfants vivant à la maison. Il me faudrait donc passer quelques sales quarts d'heure et recevoir la visite hebdomadaire d'une assistante sociale jusqu'à ce que mon chiffre baisse. Mais cela ne me dérangeait pas puisque j'adorais papoter avec Susan.

Les soirées à la maison avaient tout du chaos. Dîner suivi par la vaisselle, par des bains à la chaîne et des enfilages de pyjama. Une fois les dents brossées et les histoires lues, l'heure du coucher arrivait avec ses diverses tactiques d'évitement et les bordages successifs. Je pouvais compter sur une crise. S'il était facile de remédier à certaines, comme celle de l'ours en peluche perdu, d'autres n'étaient pas aussi simples à régler.

J'ai couché Jamal en premier. Vu son activité au cours de la journée, il tombait comme une masse le soir. Venait ensuite le tour de Maggie. Elle non plus ne posait pas problème, même si elle se levait au moins trois ou quatre fois dans la nuit. Karen était plus difficile à border. Ses tics avaient atteint un stade où rester allongée sans bouger lui était quasiment impossible. De plus, des pensées et des obsessions envahissantes l'accablaient. J'avais mal pour elle, mais il n'y avait rien que je puisse faire mis à part un rituel assez compliqué composé d'exercices de relaxation et de musique apaisante. Encore petite, Lisa possédait ses propres horaires et dormait de huit heures à onze heures. Le premier soir de Daisy, j'ai laissé à Bruce le soin de coucher Karen et Maggie afin que nous ayons un peu de temps en tête-à-tête. Daisy devait avoir besoin de digérer cette journée épouvantable. Et moi aussi d'ailleurs. Parfois les choses avancent très vite pour les parents nourriciers. Il est facile de perdre de vue le simple fait que nous sommes également traumatisés par l'histoire de nos petits. Il est impossible de ne pas absorber une partie de la douleur et du désarroi qu'expérimentent les enfants.

En cette fin d'été, il faisait encore assez chaud pour s'asseoir sur la terrasse, même si la brise du soir m'a rappelé que l'automne approchait à grands pas. Les érables à sucre se teintaient de rouge. Je suis sortie avec une tasse de café en demandant à Daisy de me rejoindre. Elle avait revêtu une longue chemise de nuit en coton qui accentuait sa maigreur. À l'évidence, elle avait perdu du poids.

— Tu as froid, Daisy ? Approche !

Je l'ai assise sur mes genoux et ai tiré sur nous mon vieux châle en tricot. Elle a blotti son corps osseux contre moi. J'ai baissé la tête et senti un doux parfum de shampooing pour bébé.

— Dure journée, pas vrai ? Tu veux m'en parler ?

— Ma maman est très très en colère contre moi. Elle m'a crié dessus et a demandé à des gens de m'emmener.

— Tu sais pourquoi elle était en colère ?

— Parce que je l'ai frappée avec ma pantoufle.

— Tu devais être énervée ? Pourquoi t'en es-tu pris à ta maman ?

La pause qui a suivi ma question a été si longue que j'ai cru un moment que Daisy ne me répondrait pas. Puis elle a inspiré profondément.

— Il m'a fait mal, tu sais. Tous les jours et elle ne lui a jamais dit d'arrêter. Il nous a fait mal à Richard et à moi ensemble et elle ne l'a pas empêché. Richard n'est qu'un bébé. Pourquoi maman ne venait pas quand je l'appelais ?

La tête me tournait. Je présumais que Daisy parlait de Frank, le petit ami de sa mère, mais elle n'avait jamais parlé d'un Richard avant.

— Mon amour, je ne sais pas de quoi tu parles. Qui est Richard ?

— C'est le bébé que Frank emmène. Il nous oblige à jouer à papa et maman et, ensuite, il joue à papa et maman avec nous. J'appelle ma maman mais elle est trop occupée et ne vient jamais.

Je luttais contre une furieuse envie de vomir.

— Ta maman était à la maison quand Frank vous a fait du mal ?

— Je pense que oui.

Daisy ne semblait pas très sûre.

— Daisy, c'est très important. D'où vient ce Richard ? Il doit avoir une maman et un papa ?

— Je n'ai jamais vu personne avec lui. Juste Frank.

— Tu as dû être très en colère quand c'est arrivé, Daisy. J'aurais été très en colère si ma maman n'était pas venue me sauver. Je parie que j'aurais eu envie de la frapper moi aussi. Mais il se peut que tu te trompes. À mon avis, ta maman n'était pas au courant des agissements de Frank. Tu aurais aimé qu'elle sache, mais elle ne savait rien. Dès qu'elle l'a appris, elle l'a obligé à partir. Et elle t'a envoyée ici pour que tu sois en sécurité.

« Je vous en prie, Seigneur, pensais-je en silence, pourvu que j'aie raison sur ce point. Pourvu que Sandra n'ait jamais rien su... »

Daisy et moi avons parlé encore un peu. Elle m'a confié des détails que j'aurais préféré ignorer. J'ai entendu beaucoup d'histoires horribles dans ma vie, mais un adulte obligeant un bébé à avoir des relations sexuelles dépassait les limites acceptables. Il m'a fallu une bonne dose de sang-froid pour écouter et répondre sans laisser le dégoût transparaître.

Je n'ai pas bien dormi cette nuit-là, bien que j'aie passé un long moment à discuter avec Bruce du drame vécu par Daisy.

Les jours suivants se sont envolés au gré de l'ouragan contenu qui semble si souvent définir ma vie. Dès qu'elle a repris le travail, le lundi matin, Évelyne a été mise au courant des derniers événements. Elle était si furieuse que Sandra n'ait pas pu s'occuper de Daisy chez elle qu'elle a refusé de demander un autre placement volontaire pour la petite. Elle a intenté une action au tribunal pour que Daisy devienne officiellement pupille de la nation, qu'elle bénéficie d'un avocat et d'un régime conventionnel n'autorisant que des visites maternelles sous surveillance.

J'ai discuté plusieurs fois avec Toni Tonelli, qui a reçu Daisy à deux occasions. À part moi, Toni était la seule personne à qui Daisy avait confié les détails de ses abus sexuels. Le même avocat qui avait représenté Karen avant son adoption lui avait été assigné. Du genre zélé, Sam Zdarski était un excellent professionnel et je n'ai pas été surprise qu'il rende visite à Daisy peu après son engagement. Il ne lui a pas posé beaucoup de questions ; son travail consistait à la mettre à l'aise. Nous avons longuement discuté de l'histoire de son placement, de notre opinion sur sa mère et de nos responsabilités envers Daisy. Je savais dans quel but il posait ces questions.

— C'est un drôle de petit animal, pas vrai ?

Sa description de Daisy m'a fait rire.

— Elle est un peu étrange, mais cette fillette est un amour, Sam. Il n'y a pas un gramme de méchanceté chez elle. Je ne l'imagine pas en train de blesser quelqu'un, surtout sa maman, mais je l'ai vue à l'action chez elle. Elle passe la porte et on dirait qu'on a appuyé sur un interrupteur. Elle grimpe sur les meubles, hurle après sa mère. Personne ne pourrait croire que c'est la même enfant.

— Qu'en pense sa thérapeute ?

— Elle hésite. Il s'agit peut-être d'une réaction post-traumatique due à son retour dans la maison où les abus ont eu lieu. À moins qu'elle ne tienne sa mère pour responsable de ce qui est arrivé.

— Ce Frank est un beau salaud, pas vrai ?

— Que va-t-il lui arriver, Sam ? Daisy ne s'est confiée qu'à moi et Toni. Sera-t-il mis en examen si elle refuse de parler au procureur ?

— Pourquoi le serait-il si Daisy est incapable de témoigner ? Même si elle parvient à se confesser à une gentille dame dans un bureau quelconque, quelles sont les chances pour qu'elle raconte à nouveau son histoire dans un tribunal rempli d'inconnus avec Frank qui la regarde droit dans les yeux ? J'ai peur que ce brave Frank s'en tire cette fois-ci.

— Ce n'est pas juste, Sam ! ai-je tempêté. Une gamine se fait violer par une ordure et le tribunal la viole à nouveau en public ? Il est impossible que cette petite chose fragile dise avoir eu des relations sexuelles avec un bébé à la barre des témoins, et tout le monde le sait ! Ce brave Frank, comme tu dis, est donc libre de recommencer avec d'autres gamins. En ce qui me concerne, nous sommes tous coupables de maltraitance vis-à-vis des mômes abusés.

Sam m'a laissé fulminer avant d'intervenir.

— Écoute, c'est dégueulasse, mais on n'a pas le choix. Le plus important est de penser à l'avenir de Daisy. Tu sembles l'aimer beaucoup. Et Bruce ?

— Nous l'adorons, Sam. Tous les deux. Si Daisy a besoin d'une famille, elle en a une. Nous n'en avons pas parlé à Sandra, mais je crois qu'elle nous laissera volontiers l'avoir en curatelle. Daisy pourra garder son nom de famille et Sandra pourra lui rendre visite autant de fois qu'elle le voudra. Cette petite doit s'installer rapidement quelque part. Pourquoi poses-tu la question ? Tu crois qu'une adoption est envisageable ?

— Oui. J'ai longuement parlé à Sandra ce matin. Tu savais qu'elle avait été hospitalisée pour une grave dépression à plusieurs reprises ?

J'ai secoué la tête. Sam a poursuivi.

— Elle ne se sent pas capable de gérer Daisy et la grand-mère ne se porte pas volontaire. Je pense que le juge n'aura pas le choix. Ils ne peuvent pas laisser un enfant en famille d'accueil toute sa vie et il y a aussi le problème de négligence. Personne ne peut dire comment Frank a pu abuser aussi longtemps de cette enfant sans que Sandra s'en aperçoive.

— Je ne vais pas commencer à juger Sandra, Sam. Chacun de nous a son idée du métier de parent. Personne n'envisage que son môme soit différent. Aucune femme ne s'attend à ce que son petit ami brutalise son enfant. La plupart des gens se montrent à la hauteur et prennent soin de leur progéniture. Certains n'en sont pas capables, mais je ne suis pas sûre qu'ils soient mauvais.

— Beaucoup de gens ne seraient pas d'accord avec toi, Kathy.

— Ils ne signent pas pour élever des enfants comme Daisy. Tant qu'ils ne le font pas, ils n'en savent rien. Bruce et moi ne pouvons parler que de notre expérience. Dès que le feu vert sera donné pour l'adoption de Daisy et qu'elle sera suivie par une assistante sociale, nous déposerons une requête. Nous serions heureux si Daisy restait avec nous.

10

Septembre est arrivé. J'aime ce mois, le parfum des pommes et des feuilles brûlées... Pour moi, septembre, plus que janvier, marque le commencement de la nouvelle année. Janvier est un mois terne, synonyme de neige, de verglas, de ciel bas et gris. Grâce à l'air vivifiant de septembre, tout semble possible.

Daisy s'est réadaptée sans problème à notre famille. Certaines personnes ne se sont même jamais aperçues qu'elle en était partie. Elle est retournée à l'école et chez les scouts, comme toutes mes filles. Elle ne rendait plus visite à sa maman mais la voyait uniquement en présence d'une assistante sociale et jamais chez elle. Elles allaient au restaurant, au cinéma, comme les autres enfants pour qui l'objectif d'un retour à la maison semblait inatteignable. Ce changement a facilité la vie de Sandra, je pense.

Accompagnée d'une tierce personne, Daisy agissait rarement avec cette violence qu'elle réservait à sa mère.

Maggie, Karen et Daisy se rendaient à l'école dans leur adorable pull et leurs rubans assortis dans les cheveux. Jamal et Lisa ont emménagé dans leur nouvelle famille. Je leur ai souhaité bonne route malgré mes inquiétudes. L'adoption signifiait un travail ardu. J'avais peur que Janet et Tim Washington s'en fassent des idées irréalistes. Ils parlaient à Jamal comme s'il n'avait jamais eu d'autre famille, refusaient de reconnaître son chagrin ou le fait que son ancienne famille lui manquait. Les difficultés que cela engendrerait n'apparaîtraient pas tout de suite mais resurgiraient un jour ou l'autre.

Daisy a été inscrite sur la liste d'attente d'un conseiller au service de l'adoption. Ces listes sont imprévisibles. Je connais des enfants qui ont attendu des mois, tandis que d'autres ont été rapidement pris en charge. Cela dépend des dossiers en cours. Il devait y en avoir beaucoup dont l'adoption était finalisée, parce que Daisy se trouvait depuis six petites semaines sur liste d'attente quand j'ai reçu un coup de fil de Lauren Hightower. Celle-ci m'annonça que le dossier de Daisy lui avait été attribué. Il s'agissait là d'une bonne nouvelle pour Bruce et moi, car Lauren nous connaissait bien depuis l'adoption de Jazzy. Et la nouvelle était encore meilleure pour Daisy, puisque Lauren figurait en tête de ma liste de conseillers qui comprenaient vraiment la question de l'adoption. Je ne l'avais jamais entendue débiter des idioties, telles que l'amour de bons parents peut réparer n'importe quel abus sexuel ou n'importe quelle négligence. Lauren n'était pas aimée de tous à cause de sa franchise. Comme elle ne suivait pas non plus la ligne des services sociaux, elle n'était pas très populaire au bureau. Mais je lui faisais immensément confiance. Je savais qu'elle irait jusqu'au bout pour un de ses gamins et c'était exactement le genre d'avocate que je souhaitais pour Daisy.

— Je n'arrive pas à croire que le dossier de Daisy t'ait été confié ! ai-je dit à Lauren quand elle m'a téléphoné pour m'apprendre la nouvelle. Maggie a dû attendre beaucoup plus longtemps.

— La petite Maggie ? Le dossier de l'enfer ? J'avais peur de la récupérer parce que je ne la voulais absolument pas.

— Pourquoi ? lui ai-je demandé, intriguée. Maggie est super. Bornée, du tempérament, mais elle fait pas mal de progrès.

— Tu as lu son rapport psychiatrique ? m'a répondu Lauren. Il est sinistre. Élaine Waters est très douée et prétend que tous les gamins de cette famille ont de très gros problèmes.

— Élaine Waters pense que tout le monde a de très gros problèmes. Je n'accorde pas beaucoup de crédit au rapport d'une femme qui passe environ quatre heures avec une enfant. Comment peut-elle en tirer quelque chose de substantiel ? Marney Scott de la Clinique des Enfants l'a eue en consultation. Elle n'a constaté aucun des problèmes mentionnés dans le test. J'ai confiance en Marney. Elle est très intelligente et connaît davantage Maggie qu'Élaine.

— Tu lui fais confiance parce qu'elle est d'accord avec toi, a remarqué Lauren dans un éclat de rire. Je n'ai pas dit que Maggie n'avait pas fait de progrès. Il y a simplement beaucoup de choses que nous ignorons sur cette fratrie. Les deux parents souffrent de sérieuses maladies mentales. L'unité d'adoption pense que ce ne serait pas juste de chercher des familles tant que nous n'avons pas plus d'informations. Je ne crois pas qu'ils auront un conseiller avant le printemps prochain. Bon, revenons à Daisy. La rumeur court que Bruce et toi voulez la garder.

— La rumeur a raison. Je pense que je peux collaborer avec Sandra et offrir à Daisy ce qu'il y a de mieux : un endroit où grandir et une relation suivie avec sa mère.

— Kathy, sache que j'ai quelques réserves concernant cette adoption, m'a répliqué Lauren. Je pense que tu as suffisamment à faire en ce moment. Karen est sérieusement malade et élever Daisy ne sera pas une promenade de santé. Son état psychologique n'est pas super non plus.

— Raison de plus pour la laisser chez nous. Nous connaissons les problèmes et nous sommes parés pour l'avenir. Une nouvelle famille ne comprendra peut-être pas où elle met les pieds. J'ai parlé à Al Hamilton la semaine dernière. Jazzy leur en fait voir de toutes les couleurs. Ils l'adorent et ils ne comptent pas la rendre, mais ils ne s'attendaient pas à autant de difficultés. Elle a détruit leur chambre parce qu'ils l'ont mise au piquet. On peut le répéter encore et encore aux familles, mais qui voudra croire que leur futur chérubin est capable de renverser une commode ?

— J'ai rendez-vous avec Sandra cet après-midi. J'aborderai le sujet de l'adoption ouverte. Nous verrons comment elle réagira. Il faut aussi que je localise le père de Daisy. J'ignore quel rôle il a joué dans sa vie, mais nous ne pouvons pas avancer sans lui.

Il se passait beaucoup de choses pendant que Bruce et moi œuvrions pour que Daisy se réadapte. Je savais que Frank avait été interrogé plusieurs fois sans résultat. Il avait admis avoir gardé le fils de sa sœur, un bébé prénommé Richard, pendant que Sandra travaillait, mais il avait nié toute mauvaise conduite sexuelle. Quand la sœur a été interrogée à son tour, elle a affirmé que son enfant s'entendait bien avec son oncle, même s'ils passaient moins de temps ensemble depuis que le petit allait à la maternelle. L'affaire criminelle resterait au point mort tant que Daisy ne s'ouvrirait pas à quelqu'un du bureau du procureur.

Nous n'avions pas parlé d'adoption à Daisy, Sandra non plus. Elle continuait de réfléchir, sachant que Bruce et moi désirions élever Daisy.

La maison me paraissait vide. Je refusais régulièrement des enfants qui ne nous correspondaient pas. Les services sociaux regorgeaient de garçons et, à moins qu'ils soient en bas âge, je n'en accueillais pas. Les adolescentes ne manquaient pas non plus. Ces jeunes-là sont souvent sexuellement actives et se droguent. Aussi, un nombre disproportionné d'entre elles apprécie les hommes plus âgés. Ajoutez à cela les problèmes habituels de l'adolescence, les troubles de l'alimentation et les scarifications, et vous obtenez une population qui effraie les familles. Malheureusement, cela rendait difficile l'accueil des filles sans gros soucis, celles qui cherchent juste un havre de paix pour finir leurs études et un peu d'aide avant de construire leur vie. Je souhaitais souvent qu'on m'offre un million de dollars. J'aurais construit un foyer parfait pour jeunes filles de seize ans. Il inclurait une autonomie régulée, une composante thérapeutique forte. Mais, dans la réalité, avec trois fillettes fragiles, deux adolescentes à moi et un beau jeune homme de dix-neuf ans, s'occuper d'ados plus de deux nuits me semblait une très mauvaise idée.

Nous avons finalement accepté deux sœurs. Elles se trouvaient parmi nous depuis trois semaines environ quand j'ai repensé aux enfants que j'avais refusés – un garçon de six ans hyperactif, une fille de seize ans anorexique et son copain de vingt-cinq ans, un nouveau-né avec une infirmité motrice cérébrale. Tous les jours, je me demandais : « À quoi pensais-tu ? »

Rose et Mary Margaret avaient onze et treize ans. Leurs parents vivaient comme des vagabonds, errant d'État en État, toujours en avance sur les services sociaux, qui leur mettaient la pression pour que les enfants reçoivent un minimum de soins. Si incroyable que cela puisse paraître dans notre société d'abondance, il existe des enfants qui vont au lit avec la faim au ventre et n'ont jamais vu un dentiste. Leurs vêtements leur ont été offerts par des œuvres caritatives, ils ne possèdent pas de brosse à dents. Les parents justifient cette négligence par des valeurs chrétiennes fondamentales. Leur religion leur sert aussi d'excuse pour battre les filles de manière régulière. Leur camionnette avait été arrêtée à un péage par un officier de police parce qu'elle n'avait pas de vignette. Il a jeté un coup d'œil aux fillettes maigrichonnes au visage couvert d'ecchymoses et a contacté les services sociaux par radio. Aussitôt, les filles ont été conduites au poste puis amenées chez nous un jeudi soir.

J'entends ces histoires tristes tous les jours, mais celle-ci m'a déchiré le cœur. J'étais impatiente de donner aux filles des repas réguliers, de jolis vêtements et des draps propres. On pourrait croire qu'après avoir accueilli des dizaines d'enfants en crise, j'aurais été immunisée contre les contes de fées. Mais j'ai à nouveau replongé. J'ai regardé ces deux enfants émaciées engloutir un pain de viande, s'émerveiller devant le luxe d'une douche chaude et d'un lit pour elles toutes seules. Qui aurait résisté ? La petite Rose avait treize ans, des yeux de biche ; elle priait avant le repas, nous donnait du « monsieur » et du « madame ». Elle aimait lire la Bible et n'avait jamais écouté Britney Spears. Mary Margaret avait des manières impeccables et la corpulence de sa sœur, mais était blonde avec des fossettes. Les deux ont été irrésistibles deux bonnes semaines.

Voici le moment qu'il est si difficile de croire avant de l'avoir vécu. On ne peut pas sauver des enfants d'un milieu inadéquat et espérer qu'ils oublient. La douleur, la colère et un chagrin accablant croupissent en eux quelque part et, un jour, resurgissent. Rose est passée à l'acte la première. Elle ne s'en est pas prise à Bruce ou à moi, mais aux petites comme Karen. Il a fallu plusieurs semaines pour que ma fille regagne confiance en elle et soit persuadée que nous ne lui ferions pas de mal et qu'elle pouvait compter sur nous. J'ai fini par comprendre pourquoi. Aux yeux de Rose, Karen avait tout. Ce n'était pas tant les objets que Rose convoitait, bien que cela lui restait sur le cœur de voir les poupées, le lecteur CD, le vélo et les livres que Karen tenait pour acquis. Non, c'était plutôt l'intimité qu'elle partageait avec ses parents, ses frères et ses sœurs, qui était la cause de sa plus violente jalousie. Rose était assez âgée et mature en matière de guerre psychologique – n'en avait-elle pas été souvent la cible ? – pour blesser Karen. Elle la taquinait sur ses inquiétudes, ses rituels, ses tics, faisant des remarques cruelles que seule Karen entendait. Rose se moquait aussi des phobies alimentaires de Daisy, du ventre boudiné et de l'œil instable de Maggie.

Mary Margaret n'était pas du même genre. Elle jouait de son charme en public, surtout à l'école et à l'église. J'étais constamment abordée par des personnes qui avaient rencontré Mary Margaret et souhaitaient discuter de sa situation, de son besoin éventuel d'une famille. J'avais l'impression de me retrouver au rayon discount du supermarché, l'endroit où vous allez si vous voulez adopter sans avoir beaucoup d'argent. D'habitude, j'appréciais les questions légitimes concernant les enfants sur le chemin de l'adoption. De nombreux orphelins ont trouvé de très bonnes familles grâce à leurs relations au sein d'une communauté. Mais toutes les questions sur Mary Margaret me mettaient très mal à l'aise. Je savais que le visage qu'elle présentait aux gens était tout à fait différent de celui que je voyais à la maison. Contrairement à Rose, elle ne criait pas sur nous, mais se retirait à l'étage après une remontrance. Je ne découvrais que plusieurs heures, voire plusieurs jours plus tard, qu'elle avait gribouillé sur les murs ou creusé de profonds sillons dans un bureau tout neuf.

J'ai tenu le coup plusieurs mois, bien plus longtemps que j'aurais dû. Aujourd'hui, je me demande pourquoi et j'ai peur de connaître la réponse. Cela ne me fait pas plaisir de l'accepter mais c'était une question d'ego. J'aimais prendre soin de ces fillettes en particulier. Elles prenaient pas mal de poids, grandissaient de plusieurs centimètres. Je passais des semaines à courir les médecins pour mettre à jour leurs vaccins ou les éducateurs pour les aider à rattraper leur retard scolaire. Elles portaient de nouveaux habits, avaient une bicyclette. Les gens commentaient leur bon teint et leurs fabuleux progrès. Les parents nourriciers reçoivent rarement des tapes dans le dos et je récoltais enfin des compliments grâce à Rose et Mary Margaret. Néanmoins, ils me coûtaient très cher. Malheureusement, ce sont Karen, Maggie et Daisy qui en ont payé le prix en perdant la maison dont elles avaient appris à dépendre. Par un après-midi neigeux, Rose a de nouveau attaqué. Nous nous étions disputées à propos du placard à fournitures artistiques, lesquelles appartenaient à tout le monde. Rose voulait écarter les petites jusqu'à ce qu'elle ait fini son projet. Cette broutille a pris une ampleur effarante.

— Tu n'es qu'une vieille sorcière ! Pas étonnant que ta gamine ait des tics. Dieu te l'a donnée pour te punir de ta méchanceté.

Je n'ai pas répondu. Je n'ai pas pu. Je ne voulais pas m'engager sur un chemin où je ne voulais pas aller. J'ai décroché le téléphone pour appeler une amie, qui avait accueilli des enfants plusieurs années auparavant. Je ne lui ai pas donné de détails. Je lui ai juste dit que j'avais besoin qu'on me relaye et que je ne pouvais pas attendre l'ouverture des bureaux lundi. Rose devait partir sur-le-champ.

Joanna est une si bonne amie qu'elle ne m'a pas demandé pourquoi Rose devait s'en aller ni pourquoi je n'appelais pas les urgences sociales. Elle m'a simplement dit que son mari serait chez moi trente minutes plus tard et a voulu savoir si tout irait bien jusque-là. Je l'ai rassurée, remerciée, puis j'ai raccroché et me suis tournée vers Rose.

— Tu n'as pas le droit de blesser les gens ainsi, Rose. Tu ne peux pas dire ce que tu veux et croire que cela n'a pas d'importance, parce que tes paroles en ont. Je suis désolée que cela n'ait pas marché entre nous, mais tu ne peux pas rester ici et faire du mal à mes enfants. Je suis désolée. Je t'ai trouvé un endroit sûr où aller. Nous appellerons ton assistante sociale lundi et te trouverons une autre maison. Tu as une demi-heure pour faire tes valises. Je vais te chercher une mallette. Prends ce dont tu as besoin pour le restant du week-end. Je ferai suivre le reste de tes affaires.

Puis je suis allée dans la salle de bains et j'ai fermé la porte.

Nous avons attendu Philip dans un silence de mort. J'ai conduit les petites dans ma chambre où elles ont joué à se déguiser. Je leur ai simplement dit que ça n'allait pas bien et que Rose passerait le week-end avec Joanna et Philip. Cela a été plus difficile avec Mary Margaret, une fillette tellement fermée et bornée. Elle n'a affiché ni peine ni colère. J'avais peur de ce qui bouillonnait sous cet extérieur froid et solennel, sombre et terrifiant. Je ne voulais simplement pas être sur le chemin quand ce sentiment se révélerait. Il m'était impossible de faire parler Mary Margaret. Elle a allumé la télévision et s'est assise seule dans le salon devant un match de football.

J'ai appris une chose de valeur avec Rose, une grande vérité, importante pour ceux qui ont la responsabilité de petits difficiles. Les mauvais traitements sur enfants sont insidieux. Ils ne font pas toujours irruption par la porte d'entrée de votre maison et n'annoncent pas forcément leur présence. Parfois, ils s'incrustent en silence, prennent un siège et font comme chez eux.

Joanna et Philip ont gardé Rose trois petites semaines. Ensuite les ricochets se sont succédé : un mois dans une famille, un week-end dans une autre. Petite fille, gros ennuis. J'ai suivi son parcours à cause de Mary Margaret. Celle-ci n'a jamais demandé des nouvelles de sa sœur ni de ses parents, qui se trouvaient à présent en prison sous plusieurs chefs d'accusation. Se souciait-elle d'eux ou l'avaient-ils tellement battue qu'elle ne s'occupait plus de rien ni de personne ?

Mary Margaret se laissait conduire chez nous, sans jamais devenir un membre de la famille. Elle ne réclamait jamais rien, pas même un câlin. Quand son assistante sociale m'a appelée la semaine qui a suivi Noël pour m'annoncer qu'elle avait trouvé un placement, j'ai été tiraillée. D'un côté, j'étais contente que s'en aille l'enfant la plus difficile dont j'ai eu à m'occuper. De l'autre, j'ai eu de la peine pour la famille qui l'adoptait. Je savais quel film ils visionnaient avant de s'endormir : Mary Margaret se jetant dans leurs bras tendus, les appelant papa et maman. Leurs filles partageraient leurs secrets, riraient avec eux sur le canapé. Une vie à la Disney.

J'ai rencontré Andrew et Alice Riley deux fois avant que Mary Margaret n'emménage chez eux. Personne n'a envisagé une transition plus longue puisque la petite n'avait aucun lien de parenté avec nous. Lors de notre première entrevue, je leur ai décrit une Mary Margaret distante et calme, ne sortant jamais de ses gonds. Cependant, il leur incombait de la surveiller si elle était en colère. Intelligente, en bonne santé, elle lisait beaucoup la Bible. Puis nous nous sommes parlé la veille de son départ. Ils ont appelé pour savoir ce dont elle aurait besoin. Avait-elle assez de vêtements d'hiver? Une luge? Avait-elle besoin de patins? Je connaissais la vraie raison de leur appel : ils brûlaient d'impatience, l'attendaient comme on attend un bébé et voulaient partager cette excitation avec quelqu'un. J'aurais voulu leur dire de fuir à toutes jambes parce qu'à mon avis cette enfant pouvait potentiellement leur briser le cœur. C'était des gens bien qui méritaient une fillette capable de les aimer. Je ne croyais pas que Mary Margaret était cette enfant. J'avais l'impression de les jeter en pâture aux loups.

Mary Margaret est partie le lendemain matin. Ni Karen, ni Maggie, ni Daisy, ne sont descendues lui dire au revoir. J'ai porté ses affaires jusqu'à la voiture et, quand je me suis retournée pour la serrer dans mes bras, elle était déjà montée. Je voyais sa silhouette par la vitre. Alice a paru un peu gênée.

— Elle doit détester les adieux. Cela fait si longtemps qu'elle vit parmi vous... Je comprends votre chagrin.

J'étais censée lui répondre quoi ?

11

Je ne m'étais pas rendu compte à quel point mon énergie avait été brûlée par Rose et Mary Margaret jusqu'à ce qu'elles soient parties et que je reprenne le dessus. J'ai accueilli une fillette de trois ans qui parlait à peine anglais. Nous étions donc ex-aequo vu que je bafouillais trois mots d'espagnol. Lupe était apparemment plus intelligente que moi parce que j'ai vite abandonné l'idée de maîtriser sa langue tandis qu'elle a rapidement parlé la mienne. Lupe était exactement l'enfant dont j'avais besoin à ce moment-là. Ce petit lutin était curieux de tout et constamment en mouvement. Après une longue journée à chasser Lupe, je m'effondrais sur le canapé et riais avec Bruce de ses cabrioles en attendant avec impatience le lendemain. Puis nous avons pris un bébé, Latika, qui souffrait à coup sûr du syndrome d'alcoolisme fœtal. Par conséquent, j'ai dû faire la tournée des spécialistes. À nouveau, mes journées étaient bien remplies et je ne pouvais pas être plus heureuse.

Enfin, si. Chaque fois que Karen développait un nouveau tic, mon cœur se brisait davantage. Et ils ne la laissaient pas tranquille. Sa tête partait en arrière si souvent qu'elle avait constamment un torticolis. Ses doigts et ses orteils remuaient sans arrêt. Elle fredonnait, se raclait la gorge, émattait un drôle de petit chuintement. Nous apprenions au fur et à mesure que le stress et le bruit empiraient ses tics. Karen avait besoin de sommeil, de repas réguliers et de beaucoup d'exercice. À l'opposé, il n'y avait pas grand-chose qui atténuait les tics. Il y aurait bien eu des médicaments, mais quand nous avons lu la liste des effets secondaires – émoussement cognitif, prise de poids, tremblement des mains –, Bruce et moi avons estimé que le traitement était pire que la maladie.

Malheureusement, le syndrome de Gilles de la Tourette survient rarement seul dans la vie d'un enfant. Il voyage en tandem avec d'autres pathologies. La majorité des malades diagnostiqués souffrent aussi de troubles obsessionnels compulsifs. Quand

Karen a eu six ans, elle a développé un sérieux problème de TOC. Elle comptait les fenêtres, les plaques au plafond, les livres dans une pièce, recommençant à l'infini, persuadée de s'être trompée. Elle se lavait les mains jusqu'à ce qu'elles deviennent rouge vif. Puis elle s'est convaincue que quelque chose m'arriverait en son absence et a été incapable de se rendre à l'école. Nous avons reçu le soutien d'un thérapeute compréhensif et d'un psychiatre épatant, tous deux affiliés à la Clinique des Enfants. Grâce à leurs conseils, nous avons pu aider Karen à gérer ses symptômes les plus gênants. Les deux médecins ne nous ont toutefois pas caché que Karen était gravement atteinte. Les choses allaient empirer sans espoir d'amélioration.

Avec les épreuves que Karen traversait, la question doit être posée : à quoi pensions-nous ? Comment pouvions-nous envisager d'ajouter un autre enfant, le numéro sept, à notre famille ? Et surtout une enfant comme Daisy. Je n'étais pas naïve au point d'occulter le fait que, sa vie durant, elle paierait le prix émotionnel pour les dégâts provoqués par Frank. Les abus sexuels traumatisent plus les enfants que les coups. En plus d'être violés, les enfants ont honte et nombre d'entre eux se croient en faute. Être abusé sexuellement par la personne en qui vous avez confiance blesse l'âme. La douleur est multipliée quand l'agresseur n'a pas à répondre de ses crimes. Pas au sens judiciaire du terme : combien d'enfants souhaitent voir leurs parents en prison ? Non, ils veulent une excuse, la reconnaissance que l'acte subi était mal, que l'adulte est désolé pour la douleur infligée.

Pourquoi voulais-je Daisy ? La seule raison qui a surgi à l'époque et en laquelle je crois encore aujourd'hui, c'est que la vie nous le présente ainsi. On nous offre des opportunités fabuleuses d'aimer et nous devons les saisir. La vie auprès de tous mes enfants a parfois été très dure, mais voici la vérité que j'espère leur inculquer : nous ne choisissons pas ce qui nous est remis entre les mains. Notre seul choix se situe dans notre manière de réagir. J'espérais que Karen et Daisy iraient bien, non pas parce qu'elles avaient la vie facile. C'était faux. Toutes deux avaient affronté plus d'épreuves à sept ans que j'en subirais au cours de mon existence. Je voulais qu'elles aillent bien parce qu'il était dans leur nature de trouver de la joie et de l'amour dans les endroits les plus inattendus. Je ne pouvais pas les protéger, mais je pouvais leur tenir la main à chaque coup qu'elles recevraient.

Forte de cette idée, je souhaitais que Daisy s'installe enfin chez nous. J'avais très peu de nouvelles de Lauren. Elle venait chercher Daisy pour ses visites mais nous ne parlions pas beaucoup. Sandra avait disparu de la circulation. Sam, l'avocat de la petite, venait tous les mois. Daisy étant une fillette, son travail était de parler en son nom. Dans ce but, il devait savoir ce qu'elle voulait et, surtout, devait passer suffisamment de temps avec elle afin de la conseiller et de recueillir son opinion sur sa vie et son avenir.

Je ne lui aurais pas été d'une grande utilité à ce sujet parce que j'ignorais totalement ce que Daisy attendait de la vie. Cette enfant vivait entièrement dans le présent. Moi, j'avais l'habitude de petits posant les questions rituelles : « Quand sera la prochaine visite ? Combien de jours avant mon anniversaire ? Quand est-ce que je rentre à la maison ? On est arrivés ? Pourquoi je dois vivre avec toi ? » Daisy ne posait jamais ce genre de questions, si bien que sa vie n'était qu'une agréable surprise. Cependant, cela ne me fournissait pas l'ouverture dont j'avais besoin pour lui parler d'adoption.

Toni non plus ne mentionnait pas l'adoption en thérapie. Elle et Daisy avaient des sujets bien plus importants à aborder. Je n'assistais pas aux séances, mais j'étais frappée par le changement spectaculaire qui s'opérait en Daisy quand nous entrions dans la Clinique. L'enfant pétillante, heureuse et un peu fofolle que nous connaissions, se transformait en une gamine morose et chagrine. Recroquevillée dans un coin du canapé de la salle d'attente, enveloppée dans un vieux pull que Toni laissait à son intention, les yeux vitreux, elle se transformait en bébé pleurnicheur. Elle suçait son pouce avec acharnement. Je pensais qu'elle réclamait de l'attention ou de la compassion, mais ce n'était pas le style de Daisy. Elle se montrait simplement très perceptive et reconnaissait la valeur de la clinique. Dans cet endroit et nulle part ailleurs, Daisy se sentait libre d'accomplir le travail dont elle avait besoin. Un travail pesant et douloureux, dont elle ne s'est jamais plainte. Je l'entendais monter l'escalier d'un pas lourd. Puis elle disparaissait pendant presque une heure avant de revenir avec les mêmes semelles de plomb. Elle récupérait lentement et il fallait souvent des heures pour que Daisy redevienne elle-même. Elle ne partageait jamais ses impressions et il ne me semblait pas sage de la presser de questions. Cette thérapie appartenait à Toni et Daisy, je n'y avais pas ma place.

Les vacances approchaient. Comme nous trouvons que les enfants sont submergés par un trop-plein de festivités, nous préférons célébrer Noël dans la modération et la simplicité. Nous préparions des cookies et décorions un grand sapin. Le nôtre était toujours surchargé au pied parce que les enfants n'atteignaient pas les branches les plus hautes pour suspendre leurs décorations maison, consistant en pommes de pin scintillantes et découpages couverts de paillettes. Nous allions à la messe la veille de Noël et faisions le tour des collines avoisinantes afin de trouver les meilleures animations extérieures. Sinon, nous restions à la maison. Nous fabriquions des dragons des neiges et notre consommation de chocolat chaud dépassait les limites du raisonnable. Cependant, nous nous amusions et les enfants ne semblaient pas remarquer que leurs camarades jouissaient de célébrations bien plus élaborées. Avoir une télévision mais pas de réception m'aidait aussi beaucoup. N'étant pas tentés par la publicité, mes enfants ne réclamaient rien et nous passions néanmoins de bons moments.

Janvier a été un mois d'une douceur trompeuse, qui aurait pu me faire croire que nous nous dirigions vers un printemps précoce. Les beaux jours ne durent jamais en Nouvelle-Angleterre et sont en général suivis par des pluies glaciales et des vents à vous couper les jambes. En février, nous avons eu la confirmation que l'hiver était loin d'être terminé. Les filles sont restées coincées à la maison pendant plusieurs jours et ont commencé à se taper sur les nerfs. Elles s'étaient lassées des mêmes jeux et des activités rebattues. En désespoir de cause, j'ai engagé une baby-sitter pour le bébé le premier mardi des vacances de février et organisé une excursion à la serre locale afin de se promener dans l'air humide et tropical et de rêver un peu au printemps. Les filles étaient habillées, les goûters emballés, quand le téléphone a sonné. J'aurais pu laisser la baby-sitter répondre. Me connaissant par cœur, je me serais inquiétée tout l'après-midi si je n'avais pas décroché.

— Allô, Kathy ? C'est Lauren. J'ai l'impression que l'on ne s'est pas parlé depuis des mois. Comment va ma minuscule amie ?

— Très bien, Lauren, mais nous sommes sur le point de partir. Tu as besoin de quelque chose ou je peux te rappeler quand je rentre ?

— J'aimerais passer. Je n'ai pas encore vu Daisy ce mois-ci et j'ai besoin de te parler de quelque chose. Tu es là demain ?

— Oui, mais les enfants seront tous présents. Nous n'aurons aucune intimité.

— En fait, j'avais envie d'aller me promener avec Daisy. Mais il faut qu'on discute d'abord. On dit treize heures ?

— OK. Deux d'entre eux seront déjà à la sieste.

Nous nous sommes dit au revoir puis je suis sortie avec les filles en ce superbe après-midi. Affiliée à l'université locale, la serre me fascinait. L'air était d'une telle qualité et je n'aurais pas été surprise de voir un python se reposer sur une branche de bananier ou un tigre ronfler en dessous. Les fleurs exotiques et leur parfum entêtant représentaient l'antidote parfait au cafard de février.

J'ai passé le lendemain matin dans la cuisine en prévision de la visite de Lauren. Je savais que je n'avais pas à m'inquiéter. Lauren ne verrait pas les assiettes sales dans l'évier et ne se rendrait pas compte que je donnais parfois un bol de céréales froides aux enfants pour le petit-déjeuner. Cela importait peu, car, dans l'ensemble, la maison était propre, et les filles fraîchement baignées. Lauren a été accueillie avec des cookies maison et une théière remplie de bon thé.

Daisy ne quittait pas Lauren d'une semelle. C'est typique des enfants en famille d'accueil de s'accrocher à leur travailleur social. Je pense que ces enfants ont souvent l'impression de vivre en marge d'une famille, même dans une maison comme la nôtre, où tout le monde se pliait en quatre pour que les gamins se sentent inclus et membres à part entière du groupe. Les grands-parents des deux côtés étaient très accueillants et n'apportaient jamais un cadeau à l'un sans en offrir aux autres. Malgré cela, les enfants guettaient la visite de leur travailleur social car elle leur permettait de se distinguer des autres. Étrangement, même quand il annonçait des mauvaises nouvelles, peu de jeunes le tenaient pour responsable. En règle générale, le blâme me revenait. J'étais la mère, supposée tout réparer.

— Daisy ! l'ai-je interrompue, tandis qu'elle détaillait notre visite à la serre.

Pourquoi ne gardes-tu pas la fin de ton histoire pour un peu plus tard ? Il paraît que Lauren veut t'emmener quelque part.

— Encore une chose ! Je lui raconte encore une chose et j'arrête.

J'ai éclaté de rire. Connaissant Daisy, cela pouvait durer un quart d'heure. Depuis son retour parmi nous, elle avait changé de manière subtile mais très agréable. Daisy se montrait plus ouverte, plus espiègle aussi. Elle avait moins peur de mal faire. À l'occasion, je devais bien entendu la réprimander mais toujours en douceur, car Daisy demeurait une fillette sensible, aisément blessée par des paroles qui n'auraient pas du tout contrarié d'autres enfants. Je savais que le temps de Lauren était limité et j'avais vraiment besoin de lui parler.

— Pas maintenant, Daisy. Tu auras tout le temps après. Maintenant monte en vitesse jouer avec les autres.

Elle a obéi à contrecœur. Lauren et moi nous sommes enfin assises sur le canapé.

— Je connais ce regard, Lauren. Que se passe-t-il ? Une mauvaise nouvelle à m'annoncer ?

— Je ne peux rien te cacher, Kathy. Voilà, j'ai localisé le père de Daisy. Il vit en

Pennsylvanie, est marié et a deux autres enfants. Et il veut Daisy.

— Ah oui ! Comme ça. Il veut Daisy. C'est dingue, non ? Tu ne parles pas sérieusement ?

Le silence de Lauren a été sa seule réponse.

Ma colère m'a surprise moi-même.

— OK. Mais où était caché ce bon papa gâteau depuis un an et demi ? Quand je nourrissais son enfant avec une paille ? Quand un pervers faisait du mal à sa fille ? Combien de fois lui a-t-il massé le dos après une visite ou une séance de thérapie ?

Je luttais pour ne pas hausser le ton, mais c'était plus fort que moi, et les larmes me montaient aux yeux.

— Je te comprends, Kathy, mais j'aimerais que tu m'écoutes. Ce type n'est pas un monstre. Quand Sandra et lui ont rompu, Daisy n'était qu'un bébé. Il s'est dit que ce serait mieux pour Daisy s'il sortait en douceur de sa vie. La mère de Sandra et lui ne s'entendaient pas du tout et la rupture s'est très mal passée. Il ne voulait pas que Daisy soit piégée au milieu d'adultes en guerre. À l'époque, c'était une réaction sensée. Et comment aurait-il pu savoir pour Frank ? Maintenant il est au courant et veut sa fille.

Son casier judiciaire est vierge. Il a un bon travail et un mariage stable. Légalement, nous ne pouvons pas l'empêcher d'emmener Daisy. D'ailleurs, pourquoi nous mettrions-nous en travers de son chemin ?

— Comment peux-tu dire une chose pareille, Lauren ? me suis-je emportée. Tu n'arrêtes pas de répéter à quel point les relations sont importantes pour les enfants. Daisy s'est attachée à nous. Elle nous considère comme sa famille. Elle ne connaît même pas ce gars !

— Elle peut aussi s'attacher à son père. Je sais que c'est dur à...

— Tu ne sais rien du tout ! Tu entres dans ma maison, tu me déballes ton sac et tu repars chez toi ? C'est ma vie, Lauren. Ce n'est pas de n'importe quel gamin que je parle. Il s'agit de Daisy. Je suis supposée la laisser partir comme si cela n'avait pas d'importance ? Elle ne serait qu'un placement de plus, et nous un lit ? Écoute. Quelles seraient nos chances si nous voulions aller au tribunal ? Et si nous trouvions un avocat et nous battions pour elle ?

— Vous perdriez votre argent, vous blesseriez Daisy. Et vous n'auriez pas le soutien des services sociaux. S'il te plaît, ne rends pas les choses plus difficiles qu'elles ne le sont. Daisy a un père qui la réclame. Tu n'as pas le choix.

Lauren a continué à parler, mais je n'étais pas en état d'entendre la voix de la raison. Au bout de quelques minutes, elle a pris son manteau et a demandé à Daisy de descendre.

La petite est partie avec Lauren pour le restant de l'après-midi. En début de soirée, j'ai commencé à devenir paranoïaque. Dans mes visions, Daisy accompagnait Lauren à son bureau et celle-ci lui cherchait une autre famille d'accueil. Bien entendu, elle n'a pas agi ainsi. Elle est revenue à dix-sept heures avec Daisy, qui tournoyait, tapait des mains et parlait de manière incohérente.

Je me suis assise sur le canapé et ai pris Daisy dans mes bras.

— Doucement, mon cœur. Je ne comprends rien quand tu parles aussi vite.

— J'ai un père ! Un vrai père. Pas comme Frank. Comme Bruce. Et il vient me voir et il m'a acheté une poupée. J'ai une sœur et un frère, pas pour de faux mais pour de vrai, et ils viennent aussi et j'ai une belle-mère, mais je ne les ai jamais rencontrés...

— OK, Daisy. Ralentis... Voilà des nouvelles excitantes. Une chose après l'autre, ce sera plus facile. Parle-moi de ton papa. Comment s'appelle-t-il ?

Les larmes lui sont montées aux yeux.

— Il a un nom ? s'est-elle exclamée, paniquée. Je pensais l'appeler papa. Je ne connais pas son nom.

— Bien sûr que tu peux l'appeler papa, Daisy. Mais il a un autre nom. Comme Bruce. Karen l'appelle papa et je l'appelle Bruce. Je suis à la fois maman et Kathy. Je me demandais juste quel était son autre nom.

Lauren a répondu à Daisy.

— Il s'appelle Peter. Daisy a vu sa photo aujourd'hui. Il est très grand. Pas vrai, Daisy ?

— Ma maman me l'a montré quand il me tenait, petite, dans ses bras.

— J'ignorais que vous alliez chez Sandra.

J'avais déjà l'impression de perdre Daisy. D'être mise hors circuit.

Lauren a dû le sentir dans le ton de ma voix.

— J'ai pensé que ce serait une bonne idée si Sandra racontait la suite des événements à Daisy. Cela ne dérange pas Sandra que Daisy aille vivre chez son père et je souhaitais que Daisy le sache.

J'avais mal pour Bruce. J'avais essayé de le joindre toute la journée pour le mettre au courant, mais il ne se trouvait pas à son bureau. J'avais eu tout l'après-midi pour digérer la nouvelle, tandis que lui a été frappé de plein fouet à la minute où il a franchi le seuil de la maison. Il n'a pas eu le temps d'enlever sa veste que Daisy a surgi, et le pauvre a dû faire semblant d'être heureux pour elle.

— Ainsi ton papa vient ce week-end, Daisy. Incroyable ! a-t-il commenté d'une voix fatiguée.

Il luttait pour cacher ses émotions.

— Il ne peut pas venir plus tôt, a répondu Lauren. Il sera accompagné de sa famille. Ils logeront chez des amis qu'ils ont gardés dans le coin. Ils aimeraient voir Daisy samedi. Je sais que je vous préviens tardivement, mais je me suis dit que vous n'y verriez pas d'inconvénient.

— Il n'y a pas de problème. La voudront-ils dimanche aussi ?

— Très certainement. En fait, ils vont rester la semaine et veulent passer le plus de temps possible en compagnie de Daisy, nous a annoncé Lauren d'une voix chaleureuse. Daisy et sa famille ont beaucoup de temps à rattraper. Ils doivent apprendre à se connaître si Daisy doit vivre avec eux.

Daisy est restée dans mes bras pendant notre conversation. Elle m'a paru en bois, comme si elle luttait pour ne pas exploser. Je connaissais cette expression. Quelqu'un la côtoyant moins que moi aurait pu la confondre avec de l'excitation, mais c'était en fait un mélange de panique et de perte de contrôle. On ne pouvait demander autant à un enfant. Une nouvelle vie s'offrait à Daisy et qu'attendait-on d'elle ? Qu'elle nous remercie pour ce cadeau ? J'imaginais très bien ce qu'elle ressentait. J'avais entendu cette histoire de la bouche d'enfants bien trop souvent. Qui avait demandé ce présent ? Certainement pas Daisy. Certainement pas les nombreux enfants obligés de recevoir ce don généreux de la société.

Lauren est restée un peu plus longtemps que prévu. Malgré ma diatribe, elle me faisait confiance. Elle savait que j'agirais pour le bien de Daisy. Et elle avait raison de me faire confiance. Cela me blessait peut-être, mais je n'aurais jamais joué avec les sentiments de Daisy. Je détestais devoir agir en adulte mais me comporterais comme tel.

Les enfants ont mangé, pris le bain et se sont mis en pyjama. Karen a peiné pour s'endormir.

— Je ne veux pas que Daisy s'en aille, maman, gémissait-elle. J'aime Daisy. C'est ma meilleure amie. Avec qui je jouerai maintenant ?

Je savais que sa détresse en masquait une autre : « Si Daisy part, comment saurai-je si je suis en sécurité ici ? Et si quelqu'un venait me réclamer moi aussi un jour ? » Cette inquiétude était légitime. Karen avait vu partir plusieurs enfants que, tous les jours, nous disions aimer.

— Je veux que tu m'écoutes, Karen. Tu es notre précieuse petite fille. Papa et moi t'aimons plus que tout au monde.

— Plus que la lune ?

— Plus que la lune.

— Plus que le soleil ?

— Plus que le soleil.

— Plus que tout l'univers ?

— Encore plus.

— Jusqu'à Dieu ?

— Jusqu'à Dieu. L'adoption, c'est pour toujours et nous ne te laisserons jamais partir.

— Et si mon autre papa d'avant venait me chercher ? Qu'est-ce que tu ferais ?

— Papa et moi serions très méchants. Bruce junior, Nathan, Ben, Angie, Neddy, papa et moi formerions un cercle autour de toi et nous l'empêcherions de t'emmener. « Karen est notre fille et tu ne l'auras pas ! » Voilà ce que nous lui dirions de notre voix la plus sévère et il serait obligé de s'en aller.

— Papa est très fort, pas vrai ?

— Oui, c'est le papa le plus fort que je connaisse, mon bébé. Il te protégera toujours.

Quand Karen a été plus calme, je me suis rendue auprès de Daisy. Bruce m'avait précédée. Il lui parlait doucement dans le noir. Sa grande silhouette penchée au-dessus de ce petit lit lui donnait un air à la fois bête et attendrissant. Il était doué pour communiquer avec les enfants, bien plus que moi. Il était plus enclin à écouter qu'à penser qu'il devait tout réparer.

— Est-ce une conversation privée ou puis-je me joindre à vous ?

— Nous t'attendions. Daisy a beaucoup de questions et j'ai peu de réponses. Elle veut savoir pourquoi elle ira vivre chez son papa et non chez sa maman. À son avis, on l'envoie là-bas parce qu'elle a été méchante et a frappé sa maman. Qu'en penses-tu ? Tu crois que Daisy doit vivre chez son papa parce qu'elle a été méchante ?

— Les adultes ont pris cette décision qui n'a rien à voir avec ton comportement, Daisy. Ta maman t'aime mais elle ne sait pas comment t'aider quand tu as une crise. Elle sera toujours ta maman mais ce n'est peut-être pas une bonne idée de vivre avec elle. Beaucoup de gens s'aiment mais n'habitent pas ensemble, tu sais.

— On divorce ?

— Non, mon amour. Les enfants ne divorcent pas de leurs parents. Ta maman sera toujours ta maman, peu importe où tu vis.

Cette discussion m'a alors paru factice. J'avais répété ces mots trop souvent, à trop de gamins. Daisy méritait mieux de ma part.

— J'aimerais que tu n'aies pas à t'en aller. Ta maman aussi aimerait te garder auprès d'elle. Mais ton papa ne vit pas ici. Il habite en Pennsylvanie et sa maison va devenir la tienne. Demain, je te montrerai sur une carte où cet État se trouve. C'est peut-être loin, mais tu pourras quand même nous rendre visite de temps à autre.

— Et si je veux rester ici ?

— Tu dois nous quitter, Daisy. Ta famille t'attend là-bas. Tu as ta place parmi eux.

Elle a tourné la tête, si bien que j'ai à peine saisi la fin de sa phrase.

— Ce devrait être à moi de décider où est ma place, où je suis heureuse.

Je n'ai pas vu passer les jours suivants. L'avocat de Daisy, Sam, est venu discuter avec elle avant que nous allions au tribunal pour l'audience concernant la garde. Mais Daisy était trop angoissée pour tenir une conversation. Finalement, il a eu pitié d'elle et l'a envoyée jouer avec Karen. Ce contretemps m'a permis de lui parler en privé.

— Sam, il doit exister un moyen de stopper ce processus. Tu as vu Daisy. Elle n'a pas envie que sa vie change à nouveau.

— Mon travail consiste à présenter ce que mon client veut à un juge, à moins que mon client ne soit pas assez âgé ou soit incapable de prendre une décision éclairée. Si je le lui demande, Daisy souhaitera probablement vivre ici. Le problème réside en son incapacité à émettre un jugement. Je dois considérer quel est son meilleur intérêt et, à mon avis, c'est son père.

— Comment peux-tu le savoir ? Il se souciait tellement d'elle qu'il ne lui a pas rendu une seule visite. Et, maintenant, il veut l'élever ? Crois-moi, les services sociaux sont trop contents de se débarrasser d'un cas encombrant.

— Kathy, il faut que tu comprennes quelque chose. Je ne cherche pas la solution de facilité. J'ai passé des heures au téléphone. J'ai parlé à Peter et à sa femme, aux professeurs de ses enfants, à son supérieur au travail. J'ai discuté une bonne heure avec le prêtre de leur paroisse. Ce n'est pas un sale type. Je ne le soutiendrais pas si je n'étais pas sûr qu'il soit un bon père pour Daisy.

Après cette conversation avec Sam, j'ai dû commencer à accepter l'inévitable : Daisy déménageait et je ne pouvais l'empêcher. Je devais coopérer et nous faciliter cette période de transition, sinon j'allais rendre mes proches malheureux. J'ai décidé de prendre rendez-vous avec Toni Tonelli. Pendant une heure, nous nous sommes concentrées sur le départ de Daisy. Nous devions lui choisir un nouveau thérapeute, transférer son projet éducatif à sa nouvelle école et son assurance santé dans les temps afin qu'il n'y ait pas de vacance au moment où elle serait la plus vulnérable. J'étais douée pour ce genre de paperasserie. En revanche, je l'étais moins pour gérer le côté émotionnel. Je me suis fait un point d'honneur de masquer ma douleur et me suis bien débrouillée... jusqu'au jour J. Toni m'a accompagnée à la porte de son bureau. Elle a posé la tête contre le montant et a fermé les yeux quelques secondes.

— Je suppose que nous avons fait de notre mieux. On passe à un autre enfant et on recommence.

Je savais que son commentaire était destiné à nous deux.

— Kathy, tu m'appelles si tu as besoin de parler ?

J'ai protesté. Toni avait mieux à faire que de jouer les baby-sitters avec moi !

— J'aimerais bien, Toni. On se reparlera une fois que ce sera terminé, d'accord ?

Et là, je me suis mise à pleurer. Toni a elle aussi fondu en larmes. Comme ni l'une ni l'autre n'avait de mouchoir, nous sommes restées là à essuyer notre nez humide sur nos manches de chemisier et à renifler en se disant au revoir.

Vu que la nouvelle maison de Daisy se situait à dix heures de route, la transition ne s'est pas effectuée en douceur. Son père est resté une semaine pour régler les questions légales concernant la garde exclusive de Daisy. Sa famille et lui souhaitaient passer le plus de temps possible avec elle avant de retourner en Pennsylvanie.

Les jours suivants, mon téléphone n'a cessé de sonner. Tout le monde voulait parler de Daisy : son institutrice et son conseiller d'éducation particulier, son médecin et le bureau du procureur général. Sandra est la seule qui n'a pas appelé à la maison. Au début, son silence m'ennuyait, jusqu'à ce que je réalise qu'elle ne savait peut-être pas quoi me dire ou, pire, ce que j'allais lui dire.

Cela aurait été très facile de laisser courir. Sandra sortait gentiment de ma vie, comme tant d'autres mères au fil des années. Moi, je voulais clore le sujet. Je nous devais bien cela.

— Salut, Sandra ! C'est Kathy. Tu as deux minutes ? J'avais envie de discuter.

Sandra semblait nerveuse.

— Oui, mais je n'ai pas beaucoup de temps.

— Je n'en aurai pas pour longtemps. Tout ça est si soudain... Je n'arrive pas encore à réaliser. Et toi, comment tu le prends ? Tu penses que c'est une bonne chose ?

— Ça t'étonnera, mais oui, c'est bien à mon avis.

Sandra a hésité une minute avant de poursuivre :

— Tu aimes ça, n'est-ce pas ?

— J'aime quoi ?

— Materner. Quand je suis venue chez toi, les enfants pleuraient, étaient suspendus à tes jupes, tu ne pouvais pas finir une phrase sans qu'un petit te demande quelque chose. Cela ne te dérange pas, je l'ai bien vu. Moi, je déteste ça. J'adore ma gamine, mais je ne suis pas douée. Quand Daisy était petite, je ne supportais pas de l'entendre pleurer. Parfois, je me réfugiais dans ma chambre pour ne plus l'entendre. Lors de ses premières semaines en famille d'accueil, elle ne m'a pas manqué plus que ça. J'étais juste soulagée que ce soit terminé, ces heures à me réclamer, à ne pas me lâcher, à m'accuser pour Frank. Elle croit que j'étais au courant, mais c'est faux. Peter est un brave garçon. Ennuyeux, mais il sera un bon père. Je parie qu'il est chef des scouts, entraîneur de base-ball et président de l'association parents-professeurs. Je ne peux pas te l'expliquer, mais je déteste tout cela. Ce sera mieux si Daisy vit chez lui.

Que répondre à Sandra ? Nous étions deux personnes très différentes. J'étais douée pour ressentir de l'empathie pour les parents qui se battaient contre une maladie mentale, une toxicomanie, des violences familiales ou la pauvreté. Je me mettais à leur place. Mais je ne parvenais pas à m'identifier à Sandra, même si je connaissais ce sentiment d'être surpassée par les besoins d'un nourrisson. Moi aussi, je m'étais enfermée dans ma chambre de temps en temps pour échapper au quotidien et me souvenir de qui j'étais. La différence entre elle et moi ? J'émergeais toujours. J'étais heureuse de revenir à la réalité.

— Je suppose que tu as raison. Je n'y réfléchis pas trop, mais oui, j'aime ça. Je n'imagine pas faire autre chose. Cela ne signifie pas que tu dois ressentir le même besoin. À ta manière, tu offres autant que j'ai offert à Daisy. Tu t'assures qu'elle obtiendra ce dont elle a besoin, même si vous devez vous séparer. Je ne suis pas sûre de pouvoir y arriver.

J'ai posé une dernière question à Sandra :

— On reste en contact ? J'aimerais avoir des nouvelles de Daisy.

— Non, a-t-elle répondu au bout d'un moment. Je pourrais te mentir mais nous savons toutes les deux que je ne t'appellerai pas. Alors, à quoi bon ?

— Je sais, mais il fallait que je te le demande. Si Daisy te parle de moi, dis-lui bien que je tenais à elle, que nous l'avons tous aimée.

— Si elle me le demande, je le lui dirai. Je suppose que je devrais te remercier. Je ne te l'ai jamais dit, mais j'apprécie ce que tu as fait.

— Tu n'étais pas obligée, Sandra. J'ai toujours su. Daisy aussi.

Histoire de me tester, les filles m'ont mené la vie dure cette semaine-là. Comme tous les enfants qui vivent en famille d'accueil, elles sont très sensibles à l'humeur de ceux qui prennent soin d'elles. La tension à laquelle nous étions soumis Bruce et moi n'est pas passée inaperçue et elles ont agi en conséquence. Nous avons eu droit à des cauchemars, des lits mouillés, des crises de colère, des maux de ventre en cascade. Puis samedi est arrivé avec son cortège de lait renversé et de bagarres autour d'un jouet. Larmoyante, Karen s'accrochait à moi. Le bébé hurlait à chaque fois que je le posais. Quand est venue l'heure du rendez-vous, j'étais éreintée. Bruce est allé à la rencontre de Peter dans l'allée. Par chance, il était venu seul avec Lauren. Une belle-mère et ses deux enfants auraient été de trop.

Daisy a disparu dès qu'elle a entendu la voiture. Incapable de savoir où elle se cachait, j'ai ainsi pu me faire une idée de Peter pendant que Bruce, Lauren et lui discutaient dans la cour. Je ne l'avais vu qu'en photo, alors qu'il tenait Daisy dans ses bras.

Il était grand et avait la peau mate, comme sa fille. J'ai été surprise qu'il semble beaucoup plus âgé que Sandra. La cinquantaine assez mince. Bruce a conduit le duo à l'intérieur et effectué les présentations.

Peter m'a tendu une main timide et j'ai été étonnée de sa ressemblance avec Daisy.

— Lauren et Toni m'ont raconté tout ce que vous avez fait pour Daisy. Je suis désolé que ce soit tombé sur vous mais je vous suis très reconnaissant d'avoir été là.

Je voyais derrière Peter la porte qui donnait dans le couloir. Daisy était accroupie là, presque hors de vue.

— Daisy ! Tu as un invité qui a fait un très long chemin pour faire ta connaissance. Si tu sortais de là et venais dire bonjour ?

Avant de disparaître, Daisy portait sa tenue typique du week-end : un jeans et un nouveau T-shirt. Apparemment, cela ne convenait pas, car elle avait revêtu sa robe de Pâques dernier... à l'envers. Jaune poussin, elle jurait avec ses collants violets et surtout son ruban rouge et vert.

Alors qu'un silence nous paralysait tous, Lauren est venue à notre rescousse.

— C'est ton papa, Daisy. Il est impatient de te voir. Dans la voiture, on aurait dit un de mes enfants : « On est arrivé ? Encore combien de minutes ? » Viens t'asseoir avec nous. Ton papa t'a apporté quelque chose.

Lauren a alors sorti un grand album photo.

— Tu ne vas pas en revenir. Tu te souviens quand je t'ai parlé de Helen, ta belle-mère. Eh bien, Helen est une artiste. Elle a composé cet album rien que pour toi avec des photos de paysages et de gens de Pennsylvanie, de ta nouvelle école et de la thérapeute que tu consulteras. Tu sais que tu as une petite sœur. Elle t'attend avec impatience parce qu'elle réclamait des lits superposés et, maintenant, elle va les avoir, vu que vous partagerez la même chambre.

Pendant que Lauren parlait, j'ai calé Daisy entre elle et Peter sur le canapé. Il a pris le relais sans difficulté et commencé à commenter les photos. Au bout de quelques minutes, elle a éclaté de rire quand il a parlé du chat qui détestait entendre chanter

« joyeux anniversaire », puis du hamster qui s'était enfui de sa cage. Ils l'avaient retrouvé dans le chapeau du curé venu boire le café chez eux.

Je m'étais préparée à détester Peter mais il me rendait la tâche difficile. Il était chaleureux, drôle et tellement nerveux que ses mains tremblaient. Au bout d'un moment, Bruce et moi nous sommes excusés. Peter, Lauren et Daisy sont partis rejoindre le reste de la famille pour le déjeuner.

Daisy est revenue après le souper. Elle portait une nouvelle robe et arborait un sourire éclatant.

— Tu aimes ma robe, Kathy ? Ma sœur, Lydia, a exactement la même. Elle est très gentille. J'ai un frère aussi. Seulement Lydia le traite de teigne. Mais moi je n'ai pas d'autre frère, alors je m'en fiche.

— J'aime beaucoup ta robe, Daisy. Elle est simplement magnifique. Tu pourrais peut-être la mettre pour ta fête d'adieu à l'école ?

Peter nous observait timidement depuis le seuil de la porte.

— Nous venons te chercher demain matin pour la messe. Neuf heures, c'est trop tôt ?

— C'est parfait, ai-je répondu.

— Au revoir, Daisy, a lancé Peter qui hésitait à s'en aller.

Daisy a mis les bras autour de la taille de son père et lui a souri.

— Au revoir, papa. À demain.

Pendant le restant de la soirée, « mon papa a dit » et « quand je serai en Pennsylvanie » ont dominé la conversation de Daisy. C'était bon de la sentir aussi enthousiaste, même si cela me paraissait trop beau pour être vrai. Elle s'est couchée sans difficulté, même si elle s'est levée plusieurs fois dans la nuit suite à une série de petites catastrophes dont les fillettes de six ans sont coutumières après une journée riche en événements. Elle m'a donc appelée pour changer ses draps puis pour chasser les monstres dans le placard du couloir. Lors de mon deuxième voyage avec un verre d'eau, j'ai abandonné et me suis couchée avec elle.

— Un peu nerveuse ?

— Oui. Ma maman va me manquer. Mais mon papa dit que je pourrai l'appeler quand je veux.

— Tu as envie que je te raconte une histoire ? Celle de Boucle d'or ?

— Non, celle des petits enfants qui se perdent dans la forêt et mangent la maison.

Daisy ne bougeait pas dans mes bras. Je lui ai raconté l'histoire de la maison en pain d'épices, des enfants qui se sont sauvés tous seuls et sont retournés auprès de leurs parents, qui n'avaient jamais cessé de les aimer.

Le lendemain matin, j'ai rencontré la belle-mère de Daisy, une femme aussi chaleureuse, douce et modeste que Peter. Leurs enfants, un garçon de trois ans et une fillette de quatre ans, étaient mignons. Ils semblaient en si bonne santé ! Parfois j'oublie à quoi ressemble la normalité.

La semaine suivante, Daisy a passé la plupart de son temps avec sa famille. Elle n'est retournée à l'école qu'un après-midi pour dire au revoir. Je me suis sentie un peu lésée, puisqu'il s'agissait de ma dernière semaine avec elle. Mais si cette pression me pesait, j'imaginais le déchirement et la confusion de Daisy face à ce soudain changement dans sa vie. Elle a réagi comme à son habitude avec des claquements de mains angoissés. Néanmoins, il y avait un lien entre Daisy et Peter. Il parvenait à la calmer en la maintenant de la même manière que moi quand elle perdait tout contrôle. Ce n'était ni une punition ni une contrainte, juste un rappel : « Si tu ne peux pas te contrôler, je vais t'aider jusqu'à ce que tu en sois capable. »

J'ai réfléchi toute la semaine à ce que je dirais à Daisy. Nous avons beaucoup discuté, mais il restait tant à se dire. Je ne sais pas si elle s'est rendu compte que je ne voulais pas qu'elle parte. Bruce et moi nous sommes tellement efforcés de paraître enthousiastes que nous ne lui avons pas du tout montré notre chagrin. Et je pensais que c'était important de le faire. Daisy devait savoir à quel point elle comptait pour nous.

J'ai choisi un mercredi après-midi. La maison était inhabituellement calme. Les aînées étaient à l'école pendant que les petits dormaient. Daisy m'a trouvée devant le buffet en train de chercher un vieil album photo. Je l'ai assise sur mes genoux et l'ai serrée contre moi.

— Tu te souviens de ton arrivée chez nous, Daisy ? Regarde, j'ai trouvé cette photo. On l'a prise le premier jour. Tu te rappelles Crystal, Priscilla et Jazzy ?

— Un peu. J'avais très peur. J'ai fait pipi dans ma culotte ce jour-là et je n'ai pas mangé.

— Tu as beaucoup grandi depuis. Tu n'as plus jamais eu de fuites et, maintenant, tu manges presque de tout.

Daisy a soudain paru inquiète.

— Je n'aime pas les flageolets. Ils ne vont pas me forcer à en manger, dis ? J'ai peur des flageolets.

Daisy se balançait sur mes genoux. Il était tellement facile d'oublier sa fragilité.

— Non, mon cœur, on ne t'obligera pas à en manger. J'ai prévenu ton papa qu'ils te rendaient malade. Il a l'air gentil, tu sais. À mon avis, ce sera un bon papa.

— Je n'ai pas envie de partir, Kathy. J'ai mal au ventre à chaque fois que j'y pense.

— Tu sais quoi ? J'ai mal au ventre moi aussi. Je suis tellement contente que tu aies retrouvé ton papa et qu'il prenne soin de toi, mais je suis triste en même temps. Tu vas me manquer, Daisy. Tu es une fillette vraiment spéciale et je t'aime très très fort. Si tu te sens seule, si tu as peur, souviens-toi que je suis ici, dans cette maison, et que je t'aime.

— Et si je ne veux pas partir ? Je suis quand même obligée ?

— Oui, Daisy. Je suis franchement désolée que tu n'aies pas plus de temps pour t'habituer à cette idée, mais c'est ainsi.

Le visage enfoui dans mon T-shirt, Daisy n'a pas parlé pendant une bonne minute.

Puis elle a levé des yeux pleins de larmes vers moi.

— Des fois, a-t-elle dit d'une voix si basse que j'ai dû tendre l'oreille. Des fois, j'aimerais que tu sois ma maman et que je n'aie pas à déménager. Je veux que cette maison soit ma maison.

— Des fois, je pense comme toi, Daisy. Mais ce serait égoïste de ma part de vouloir te garder pour moi parce que tu es une petite fille spéciale. Je t'aime trop pour te priver de ton papa. Il représente ta famille, Daisy. Ta vraie famille. Et le plus important, c'est qu'il t'aime. Pendant toutes ces années, il n'a jamais cessé de penser à toi et de s'inquiéter pour toi. Il conserve toujours ta photo dans son portefeuille et il est venu dès qu'il a su que tu avais besoin de lui.

— Toi aussi, tu garderas ma photo dans ton portefeuille ?

Il m'a fallu un moment avant de lui répondre sans que ma voix tremble.

— Oui, Daisy. Et je viendrai tout de suite si tu as besoin de moi.

Enfin, la semaine s'est achevée. Les sacs étaient prêts, même s'il y a eu une petite panique de dernière minute : « Tu as pris ta brosse à dents ? Où est ton livre de bibliothèque ? Il faudra que je le rende. Ce pull rouge est à toi ?» Le genre de questions destinées à limiter le temps passé à se dire adieu.

Lauren est venue souhaiter bon voyage à Daisy. J'étais contente de sa présence, car elle a servi de tampon entre la nouvelle famille de Daisy et l'ancienne. Ses bavardages ont comblé les minutes gênantes qu'il a fallu pour mettre les bagages de Daisy dans le coffre et se dire au revoir. Je ne me souviens pas de ce que j'ai dit alors à Daisy, sûrement rien de bien profond. « Sois sage, mon cœur. Et envoie-moi des photos. » Certainement les mêmes mots vides que j'utilisais dès qu'un enfant nous quittait. Je n'ai pas regardé la voiture reculer dans l'allée.

Bruce est resté à la maison assez longtemps pour s'assurer que j'allais bien. Lauren et moi avons discuté pendant quelques minutes de nos adolescents respectifs, du dernier best-seller, de tout sauf de Daisy. J'ai été soulagée quand elle est partie et que j'ai pu reprendre mon travail.

J'ai baigné Latika et lui ai mis une tenue propre. J'ai trouvé la poupée avec laquelle Lupe aimait jouer pendant que je m'occupais du bébé et l'ai rangée parmi les habits de poupée. Puis est arrivée l'heure du biberon, de la sieste et des jeux. Les nourrissons ont des besoins immédiats qui laissent peu de temps pour le reste, ce que j'ai particulièrement apprécié à ce moment-là. Quand ils ont tous les deux été calmes, j'ai vidé le tiroir à bric-à-brac de la cuisine. J'ai trié, jeté et juré de ne plus jamais le laisser déborder ainsi. Puis il y a eu le déjeuner à préparer, un autre biberon à donner…

J'ai profité d'un instant de quiétude pour me préparer un thé spécial qu'un ami m'avait ramené d'Angleterre. Je l'ai bu dans une vieille tasse en porcelaine que je conserve en haut du vaisselier. Ensuite, j'ai sorti mes chocolats Godiva et en ai dégusté deux, lentement, en guise de déjeuner.

Le lendemain, me suis-je promis, je rangerai la chambre de Daisy. Je retournerai le matelas, mettrai des draps propres. Puis j'appellerai Susan pour lui annoncer qu'un lit s'était libéré.

12

Daisy était partie depuis deux mois. L'été avait atteint l'État du Massachusetts. J'avais l'impression de respirer enfin. Plusieurs heures pouvaient s'écouler sans que je pense à Daisy, même si, de temps à autre, je l'appelais encore pour dîner.

Je n'avais pas eu de nouvelles d'elle. Je lui avais écrit deux fois. D'abord un mot accompagnant une pile de lettres que ses anciennes camarades de classe lui avaient envoyées, puis un autre petit mot dans une carte d'anniversaire. Aucune réponse ne m'était parvenue. J'avais donc cessé d'espérer une lettre de sa part quand j'ai reçu un paquet de photos envoyées par Peter. Des photos merveilleuses, du genre que j'adore. En effet, aucune n'était posée, il n'y avait pas de sourire figé ni de vêtements du dimanche étriqués que tout enfant sensé refuserait de porter. Non, il s'agissait de vraies photos de famille candides : Daisy au lac, Daisy feuilletant un livre avec sa petite sœur, Daisy tête contre tête avec le chien de la famille. Sur ma préférée, Daisy tenait la main de Peter dans les siennes. Elle avait revêtu une tenue typique, à la Daisy : couleurs mal assorties, chapeau outrageusement fleuri et sourire béat. Peter souriait lui aussi, comme s'il avait gagné à la loterie. Un petit mot me signifiait que tout le monde allait bien, que Daisy appréciait son nouveau thérapeute et qu'elle semblait s'acclimater. Peter écrivait aussi que Sandra appelait souvent et envisageait de passer deux semaines en Pennsylvanie pendant l'été. Il n'y avait pas de message de Daisy pour nous.

Même si j'avais peu de temps ce matin-là, j'ai fouillé au fond de mon placard pour sortir une boîte en plastique qui contenait les photos de famille en attente de classement. Les années se succédaient sans que je les range, et j'enviais mes amies qui classaient toujours les clichés par date, par personne ou par événement. Les différentes strates représentaient le seul classement de mon joyeux mélange. Plus on s'enfonçait dans la boîte, plus mes enfants rajeunissaient. Je n'étiquetais rien, si bien qu'à chaque fois qu'un enfant sortait la boîte un dimanche après-midi dans l'espoir de créer un ordre quelconque nous passions notre temps à essayer de deviner le prénom des petits de passage.

— C'est Ashley ? demandait l'un.

— Non, Michelle. Celle qui a vomi sur le tailleur de grand-mère. Ashley, c'est celui qui a mordu le gros orteil de papa.

— Oh mon Dieu ! Je ne savais pas qu'on avait une photo de moi et Justin. Il est reparti chez sa mère, c'est bien ça ?

— Oui, mais il est retourné en famille d'accueil l'année dernière. À présent, il est chez les Lawson et je crois qu'ils veulent l'adopter.

Sans la famille pour me distraire, je triais les photos jusqu'à ce que je tombe sur un paquet remontant aux cinq ans de Karen. Il y avait là trois superbes princesses – Karen, Maggie et Daisy – posant avec leurs bijoux de pacotille ; une jolie photo de Maggie tendant un bouquet fané de pissenlits à Ben ; Bruce berçant un petit bébé qui devait être Latika. Je me suis mise à pleurer quand j'ai sorti une photo de Karen et Daisy. Elles s'étaient endormies sur le canapé par un après-midi pluvieux la semaine avant le départ de Daisy. La tête de celle-ci reposait sur un bras du canapé. Blottie contre elle, Karen avait la tête sur les genoux de Daisy. Elles ne se ressemblaient absolument pas, mais il y avait une espèce de lien de parenté entre elles, celui qui est en général réservé aux sœurs.

Je me suis ressaisie à temps pour préparer le café. Une femme du journal local devait venir discuter avec moi du rôle de mère de famille d'accueil. Elle rédigeait un article sur nos services de protection de l'enfance. Un nourrisson avait été tué par sa mère nourricière un mois auparavant. Le journal débordait d'histoires sur les changements nécessaires du système si nous voulions fournir à nos enfants des havres de paix.

— Parlez-moi de votre expérience, m'a-t-elle demandé devant un café et des muffins. Qu'est-ce que l'on ressent quand on élève les enfants d'autres personnes et qu'on vit des histoires aussi horribles ? Vous êtes réellement payée dix-sept dollars par jour ? Il est difficile de croire que vous faites ce métier juste pour l'argent. Entre nous, vous feriez mieux de griller des steaks.

J'ai réfléchi une minute avant de lui répondre.

— La plupart du temps, j'effectue le travail de n'importe quelle mère. Et cela peut être ennuyeux à mourir – il y a la vaisselle, le linge, les rendez-vous chez le dentiste, le repas de midi à prévoir. Certains jours, mon plus bel exploit consiste à trier toutes les chaussettes. Parfois, je crains pour ma santé mentale si on me chante une nouvelle fois *La souris verte*. Et bien souvent, j'accorde plus d'importance aux selles du petit dernier qu'à l'état de notre pays. Ces jours-là, il m'arrive de me demander dans quel pétrin je me suis fourrée. C'est une vie de dingue. J'ai une enfant qui ne peut pas aller à l'école parce qu'elle a déménagé douze fois et personne ne parvient à mettre la main sur la liste de ses vaccins. D'autres voient leur décision judiciaire remise en cause cinq ou six fois parce que certains adultes ne savent pas s'organiser. Je me demande si vous avez la moindre idée de la durée de cette attente quand on a six ans et qu'on veut juste rentrer chez soi ? Certains jours lugubres, mes gamins me racontent des histoires tellement tristes ou horribles que je ne peux les digérer que petit morceau par petit morceau. Et là, oui, préparer des hamburgers ne semble pas une si mauvaise idée.

— Alors pourquoi poursuivre ?

Les photos de Daisy étaient empilées sur la table. J'ai tapoté celle du dessus, avec

Daisy et Peter. C'était exactement la question que je me posais depuis des semaines.

— Parfois, on vit vraiment de belles journées. Une mère vient rendre visite à son enfant et je sens de l'amour entre eux. La femme est propre, sobre, a fini ses cours sur le rôle parental. Elle reprend sa fille et j'ai l'impression d'avoir joué un petit rôle dans cette belle fin. Je me souviens avoir eu un petit bonhomme lors d'un placement d'urgence pour la nuit, qui a en fait duré deux semaines. C'était un vrai petit démon, mais il adorait que je le pouponne, que je le borde et lui raconte une histoire avant qu'il s'endorme. Il a été placé ailleurs mais, un mois plus tard, je l'ai rencontré avec son nouveau père nourricier, dans une clinique psychiatrique. Il m'a vue et son petit visage rond s'est illuminé.

— Madame ! a-t-il crié. Je me souviens de toi ! Tu as été gentille avec moi.

Ainsi va la vie des familles d'accueil. Il n'est pas question d'acclamations mais d'enfants qui se rappellent avoir eu des draps propres, un chocolat chaud et quelqu'un de gentil auprès d'eux.

À la fin de l'entretien et après le départ de la journaliste, j'ai décidé qu'il était temps de faire quelque chose que je remettais sans cesse à plus tard. J'avais préparé les bagages de Daisy, demandé le transfert de ses dossiers et l'avais poussée sur le chemin. Mais je ne lui avais pas vraiment dit au revoir. J'ai sorti mon journal intime et je lui ai écrit une lettre que je ne lui enverrai certainement jamais :

Chère Daisy,

Le soleil brille aujourd'hui. Je pense à toi en compagnie de ta famille. Je vois ton sourire et je sais que le soleil brille pour toi aussi.

Avec tout mon amour,

Kathy.

La Clinique des Enfants à laquelle je fais si souvent allusion joue un rôle essentiel dans mon aptitude à m'occuper de jeunes ayant vécu des traumatismes et souffert de négligences. L'extraordinaire personnel s'attache à la mission inhabituelle de trouver les meilleurs services de santé mentale aux enfants les plus atteints. La Clinique prend en ligne de compte ces deux importantes vérités : les blessures de nos enfants ne guérissent ni vite ni facilement, et les organismes qui gèrent les soins de santé ne devraient pas définir le plan de traitement. Par conséquent, le personnel effectue beaucoup de travaux qui ne sont pas remboursés. Si vous souhaitez aider ce fascinant lieu de guérison, veuillez contacter :

The Cutchins Children's Clinic
117 Brewter Court
Northampton,
Massachusetts 01060, USA

Remerciements

À mon époux, Bruce, qui devrait recevoir tous les lauriers. Grâce au mari et au père aimant qu'il est, j'ai pu écrire cet ouvrage avec sept enfants de moins de dix ans à la maison. À mes enfants, Bruce Junior, Nathan, Amanda, Ben, Neddy, Angie, Karen et Phoebe qui m'ont soutenue sans faillir quand j'écrivais et quand se succédaient les petits bouts, heureux bénéficiaires de leur gentillesse et de leur acceptation inconditionnelles.

À mon éditrice chez Tarcher, Sara Carder qui m'a laissée trouver et utiliser ma voix. À mon agent chez Curtis Brown, Maureen Walters, qui a cru en moi dès le début.

À Ted Oakley, Alice Oakley, Carl Warden et Vickie Warden des Foster Angels dans l'ouest du Texas dont la générosité m'a facilité la vie. Je vous remercie chaque jour.

Pour finir, j'aimerais saluer les hommes et les femmes dont la sagesse et l'attention m'ont aidée dans mon besoin de réparer ces enfances brisées. J'ai si souvent recours aux paroles de Meredith Wiley, Martha Beck, Mary Pipher, Dr Phil, Robin Karr-Morse, T. Berry Brazelton, Torey Hayden, Marian Wright Edelman et Maya Angelou quand je cherche des conseils et de l'inspiration.

Achevé d'imprimer par GGP Media GmbH, Pößneck
en novembre 2009
pour le compte de France Loisirs,
Paris

Composition : Soft Office (38)

N° d'éditeur : 56825
Dépôt légal : novembre 2009

Imprimé en Allemagne